Histórias...
que a história
não contou

*Fatos curiosos em 60 anos
de rádio e TV*

Paulo Machado de Carvalho Filho

Organizado por Carlos Coraúcci

Histórias... que a história não contou

Fatos curiosos em 60 anos de rádio e TV

© Companhia Editora Nacional, 2006

Diretor editorial	Antonio Nicolau Youssef
Gerente editorial	Sergio Alves
Editora	Adriana Amback
Projeto gráfico/capa	Victor Burton
Editoração eletrônica	Figurativa Editorial
Preparação	Margarida Maria Knobbe
Revisão	Norma Marinheiro

Dados Internacionais de Catalogação na Publicação (CIP)
(Câmara Brasileira do Livro, SP, Brasil)

Carvalho Filho, Paulo Machado de
 Histórias... que a história não contou / Paulo Machado de Carvalho Filho ; organizado por Carlos Coraúcci. – São Paulo : Companhia Editora Nacional, 2006.

ISBN 85-04-01067-8

 1. Crônicas brasileiras 2. Memórias antigas 3. Rádio - Brasil - História 4. Televisão - Brasil - História I. Coraúcci, Carlos. II. Título.

06-7404   CDD-302.2340981

Índices para catálogo sistemático:
1. Memórias do rádio e da televisão : Histórias :
Brasil : Aspectos sociais 302.2340981

1ª edição
São Paulo – 2006
Todos os direitos reservados

Av. Alexandre Mackenzie, 619 – Jaguaré
São Paulo – SP – 05322-000 – Brasil
Tel.: (11) 6099-7799
www.ibep-nacional.com.br
www.eaprender.com.br
editoras@ibep-nacional.com.br

À eterna Odete

Aos meus filhos Paulo, Maria Luiza, Maria Alice e Carlos Marcellino

Aos meus genros, noras, netos e bisnetos

Uma pitada de história

Ao longo de meio século vivendo no meio artístico colecionei histórias que não só enriqueceram minha vida como também proporcionaram momentos de alegria e descontração a todos que comigo conviveram. Em muitos encontros com amigos e reuniões familiares, o assédio para que eu contasse passagens e situações interessantes sempre foi muito grande. Por isso, tomei a liberdade de selecionar algumas delas sem muita pretensão de podá-las pela raiz.

Idalina de Oliveira, garota-propaganda da TV Record por 25 anos, 1950

Neste livro, abro meu coração para a realidade acontecida durante a minha vida profissional e, muitas vezes, pessoal. Passei por situações que merecem ser contadas e compartilhadas com você, leitor, que, ávido por situações curiosas, sempre buscou os bastidores da história para alegrar-se.

O escritor Carlos Coraúcci tem grande parte de responsabilidade por este trabalho. Com algumas de suas idéias e sugestões, pude relembrar vários episódios importantes.

A veracidade dos fatos aqui enfocados é inconteste. Meu testemunho é fiel, ou próximo de sê-lo. Para tanto, pessoas ainda em atividade no meio artístico podem confirmar tais acontecimentos.

Paulo Machado de Carvalho Filho

A Record faz a primeira transmissão Rio–São Paulo pela televisão: os páreos no Jóquei Clube do Rio de Janeiro, DÉCADA DE 1950

Escutando a lenda

Quando você estiver lendo este livro, Paulinho Machado de Carvalho já terá completado 82 anos de idade. Isto mesmo: 82. E não se assuste, pois a continuar nesse ritmo, chegará tranqüilamente aos cem. Essa é a idade que todos os grandes homens deveriam alcançar.

Paulo Machado de Carvalho Filho em seu escritório na Rádio Panamericana, 1946

O que mais um ser comum como eu poderia querer da vida, além de ficar frente a frente com Paulinho e escutar as maravilhosas passagens de sua vida pessoal e profissional? Confesso a você, leitor, que mais nada. Falar que estou orgulhoso, regozijado e enriquecido ainda é muito pouco.

Paulinho não só descobriu, como também reconheceu, valorizou e incentivou a mina de ouro de um país: a cultura, principalmente a musical.

Enfrentando as dificuldades pelas quais todos nós passamos ao longo da vida, Paulinho superou-as e deixou para as gerações futuras um legado de prêmios, exemplos e valores, que deveriam ser seguidos por todos aqueles que sempre perseguiram o êxito em suas vidas.

Feliz e realizado, com mais bagagem de vida e de conhecimentos, é assim que me sinto após um período convivendo com esse extraordinário mestre.

Carlos Coraúcci

Sumário

Apresentação de Luiz Eduardo Borgerth   15

Década de 1940
Olé, pero no mucho!   21
Meu primeiro carro   25
A histórica Vila Helena   29
Conta-gotas Reconhecendo a baratinha   35
Crucificado e feliz da vida   37
Defunto em promoção   43
Conta-gotas Uma gafe arretada   45
Meu tipo inesquecível   47
Conta-gotas Amigo para sempre   53
Uma aula de inteligência... com os pés   55
Um susto no speaker   59
Conta-gotas A placa   61

Década de 1950
Férias diferentes   65
A velha guarda inteira em minha casa   69
Voando para buscar o astro   73
Conta-gotas Como estás? Estudando?   77
Ousadia e confusão diante do mito   79
Sovinices de qualidade   85
Conta-gotas O Sexy Relations   87
Um batuta modesto   89
Caçando com talentos   93
Conta-gotas Vencedores por acaso   97
Aos pés de Maysa   99

Água para um campeão   103
Conta-gotas Causo policial   107
Graças ao Palhaço   111
As verdades do 1º de abril   115
Faltou resistência   119
Conta-gotas Carnaval em lá maior   121

Década de 1960
Para ele, dinheiro não era problema   125
Sapatadas andinas   129
Conta-gotas Chansonnier sine die   131
Os olhos de lince de Marlene Dietrich   133
O medo vem por escrito   137
Um gesto de ternura   143
Conta-gotas A adoção da pequena orfã   145
A surpresa no Municipal   147
Conta-gotas Uma brincadeira saudável   149
Seguindo a Bíblia   151
O gênio que veio do frio   155
Bofetadas no saloon e... fogo   159
As estrelas reverenciam as estrelas   163
Vedetes em revista   167
A magia da música   173
Aparece uma nova onda   181
Chamas ardentes   185
Conta-gotas Dose dupla   191
Quatro ases e um coringa   193

Agradecimentos   197
Fotografias   198

Apresentação

Minha competência e minha história estão, sem a menor dúvida, muito aquém das credenciais necessárias para escrever uma apresentação de Paulo Machado de Carvalho Filho, por mais Paulinho que ele me seja. Mas como declinar dessa honra, talvez imerecida, quando o próprio autor, um dos monstros sagrados da televisão brasileira, é quem me distingue com a indicação, fazendo-me, dessa maneira e de certo modo, participar da grande saga radiofônica dos Machado de Carvalho?

Hebe Camargo no início de sua carreira, DÉCADA DE 1940

Este livro não é uma biografia; Paulinho jamais escreveria uma autobiografia; nem mesmo uma história da família e de seu papel na radiodifusão. Sua constante sempre foi a reserva, a discrição, a vida a *sotto voce*, em família, caseiro, com horror às viagens aéreas e ao *grand mond*; em suma – e paradoxalmente para um homem de rádio e televisão –, quase um bicho-do-mato. Por isso mesmo, pouco se escreve, pouco se sabe, pouco se valoriza o papel das rádios, na década de 1930, e das emissoras de TV, na de 1950, fundadas por Paulo Machado de Carvalho, que resultaram na rádio e TV Record de São Paulo e na geração de Paulinho e seus irmãos Alfredo e Tuta, herdeiros de sangue radiodifusor e são-paulino pelas linhas paterna e materna.

Se pouco se divulgou pelo país, exceto em São Paulo, e pouco se sabe sobre o Paulinho homem de rádio e televisão, menos ainda se sabe sobre o cinófilo, o ornitólogo, o criador de cavalos árabes, o perfeccionista que atingiu a excelência em todas as ocupações nas quais se aventurou. São muitos os Paulinhos.

Embora eu já tenha tido passarinho, cachorro e cavalo, pouco sei desses (ou de quaisquer outros) animais. Mas sei que Paulinho teve seus animais premiados, sem exagero, mais que algumas centenas de vezes, no Brasil e no exterior. Ademais, para que se meça o seu sucesso nessas ocupações, é suficiente dizer que foi feito dirigente da Sociedade Brasileira de Ornitologia, presidente da Federação Cinológica Brasileira e diretor da Associação Brasileira dos Criadores de Cavalo Árabe (essa é fácil), sem contar a presidência do Kennel Club Paulista e por aí afora. Tímido, foi preciso arrastá-lo para assumir a presidência da Associação Brasileira das Emissoras de Rádio e Televisão, a famosa Abert, que viria a ter, mais tarde, outro Paulo Machado de Carvalho – neto, com postura de avô – como presidente.

O Paulinho de quem falo, portanto, é o excessivamente paulista Paulinho da TV Record, o Paulinho da televisão de São Paulo, do tempo em que mal havia ou não havia videoteipe nem se pensava em rede nacional. Cores? Só a preta, a vermelha e a branca na camisa do São Paulo.

Generalizando, pode-se dizer que, depois de apresentar pela Rádio Record tudo o que havia de música popular brasileira na década de 1950, foi Paulinho quem apresentou a nova música popular brasileira à televisão e, pela televisão, ao público brasileiro. Foi o descobridor do potencial televisivo da nova música popular que nascia (ou aparecia) nos anos 1960 e que resultou nos históricos e inesquecíveis Festivais da Record, por ele criados nos anos de 1966, 1967, 1968 e 1969.

De Roberto Carlos a Elis Regina, de Chico Buarque a Wilson Simonal, de Jair Rodrigues a Nara Leão, de Geraldo Vandré a

Equipe A, que produziu vários programas – entre eles, Família Trapo, O fino da bossa, Esta noite se improvisa: Nilton Travesso, AAA de Carvalho, Paulo Machado, Manoel Carlos e Solano Ribeiro,
DÉCADA DE 1960

Caetano Veloso, Wanderléa, Erasmo Carlos e tantos outros grandes artistas do futuro conheceram seus primeiros sucessos nos palcos dos teatros montados por Paulinho e deram a conhecer suas caras pela transmissão "ao vivo e em preto e branco" da TV Record. A Jovem Guarda nasceu então, e ali.

Como empresário, no sentido clássico da palavra, trouxe ao Brasil o que havia de melhor na música popular mundial de sua época, de *nossa* época. Impossível enumerar todos os artistas, mas vale relembrar que estiveram no Brasil, trazidos por Paulinho, os eternos Louis Armstrong, Ella Fitzgerald, Sammy Davis Jr., Sarah Vaugham, Charles Aznavour, Maurice Chevalier, Pepino di Capri, Domenico Modugno e orquestras do nível das de Beny Goodman, Woody Herman, Harry James, Dizzie Gillespie e tantos outros. Apresentando as atrações em teatros, fazia televisão a todo o risco.

Paulinho empresou lutadores de boxe, participou das dificuldades e sucessos de nosso maior boxeador, produziu shows e pistas de gelo, balés clássicos e modernos, música clássica e popular. Foi considerado o maior empresário de artistas de seu tempo, capitaneou com sucesso, e por muitos anos, rádio e televisão em São Paulo, foi adulado, incensado e bajulado por tudo e por todos, sem deixar de ser o Paulinho. No meio de uma família de fortes personalidades – a começar pelo pai, o grande, simples e avassalador pioneiro que chegou a marechal (da vitória) Paulo Machado de Carvalho, o primeiro da família que conheci e admirei –, Paulinho navegou, sem fazer espuma, a vida boêmia, artística e empresarial de São Paulo, com sucesso no trabalho e nos hobbies, satisfeito em ser ele mesmo, nunca pretendendo ser mais nem se permitindo ser menos. Festejou vitórias e engoliu derrotas sem queixas ou lamúrias, viu esvaírem-se as Emissoras Unidas, criação de seu pai, dele e de seus irmãos, vencidas pelos tempos e pelo tempo; sofreu perdas pessoais terríveis, mas continua o mesmo.

Para este livro, Paulinho recolheu fatos, feitos e fotos de sua vida no rádio, na televisão, e fora deles, situações cotidianas típicas do ofício de lidar com gente de talento e com artistas altamente populares. São vinhetas para a história da televisão e da vida paulistana num momento de transformação da nossa cultura popular, quando a TV Record apresentou seus protagonistas ao Brasil. Falta agora escrever a história inteira; testemunhas não faltam.

Paulinho está aí, à disposição, almoçando com velhos amigos às quartas-feiras, mais Paulinho do que nunca.

Luiz Eduardo Borgerth

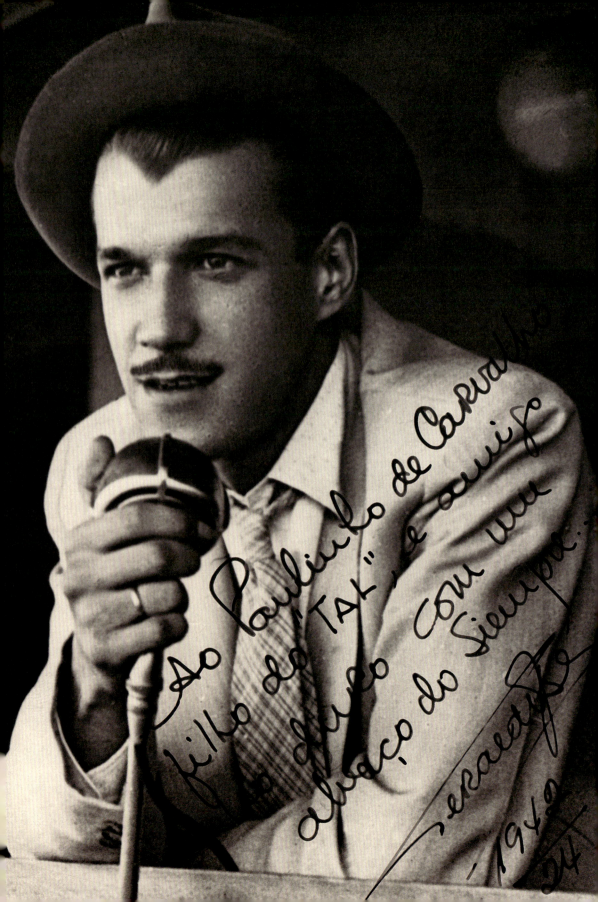

Olé, pero no mucho!

A Rádio Panamericana estava em alta com a modificação de toda a sua estrutura de programação, principalmente por tornar-se uma emissora eminentemente voltada para os esportes. Seus índices de audiência batiam recordes e mais recordes. A denominação de Emissora dos Esportes fixou um emblema na memória dos ouvintes. Tudo isso aconteceu entre 1945, ano em que assumi o comando da emissora, e meados de 1953.

Natação, vôlei, basquete, luta livre, boxe e até golfe, além, é claro, do futebol, eram eventos com total cobertura da emissora. Minha manifestação de apoio a qualquer modalidade esportiva era incentivada por todos na rádio, principalmente por meu pai.

E foi com uma idéia ibérica que resolvi ir mais longe, esquecendo que a ingenuidade ainda não havia me abandonado. Ao aceitar a sugestão vinda de uma dupla de locutores da rádio, Ricardo Dias e Nestor Paes, minha cabeça estava voltada para duas coisas: inovação e audiência.

A dupla comandava um programa voltado aos apreciadores de tango e, ao mesmo tempo, vendia anúncios de publicidade e programava com certa constância viagens inusitadas. Ricardo Dias organizava anualmente uma caravana para Buenos Aires com o propósito de visitar o mausoléu do cantor Carlos

Geraldo José de Almeida, o mais famoso locutor esportivo da época, criador da expressão "canarinho" para a seleção brasileira de futebol na Copa de 1970, 1942

1940

Almoço de confraternização da equipe de esportes da Rádio Panamericana. Da esquerda para a direita: Nestor Paes, Ricardo Diaz, Otávio Muniz, Estevam Sangirardi, Pedro Luiz, Paulo Machado, Bauru, Wilson Fittipaldi – o Barão –, e Mário Moraes (de óculos).
DÉCADA DE 1940

Gardel, falecido tragicamente num acidente aéreo em Medellín, na Colômbia, em 1935.

Com esse perfil milongueiro, Ricardo entra em minha sala e diz: "Paulinho, já que estamos transmitindo todo tipo de esporte, que tal transmitirmos touradas?". Achei fantástica a idéia e aprovei a ida dos dois para a Espanha, desde que eles se incumbissem de arrumar os patrocinadores. Com tudo muito bem definido, ficou acertado que os locutores narrariam uma corrida de touros por semana, da plaza de Las Ventas, em Madri, e que seria gravada, pois a transmissão ao vivo ficaria onerosa e não compensadora.

As fitas chegavam à redação da rádio com regularidade, sem atrasos, contendo um desafio de cada vez, e o ouvinte tinha a impressão de que o evento estava acontecendo naquele momento. O narrador Ricardo Dias empolgado dizia: "...e agora o animal encontra-se de joelhos... o toureiro prepara sua espada... (pausa)... o toureiro enfia seu instrumento... (pausa)... no touro...".

Essa era a emoção de uma tourada transmitida pelo rádio.

Após umas duas ou três transmissões, recebo em minha sala a visita do colega Edson Leite, da Rádio Bandeirantes, que, com um sorriso irônico e bastante sarcástico pergunta:

– E essas touradas que vocês estão transmitindo, como é que estão?

– Estão indo mais ou menos; estão todas vendidas e é um negócio puramente comercial, diferente.

Continuando com a ironia, Edson fala:

– E os rapazes, estão lá na Espanha?

– Lógico que sim. Continuam gravando tudo por lá e mandando para mim.

Edson não queria rir na minha cara e se conteve:

– Engraçado, na semana passada eu estava indo para Ribeirão Preto e encontrei o Ricardo Dias dentro do avião.

Surpreso, ainda tentei questionar:

– Não é possível. Ele está em Madri.

Mantendo a calma, coisa que em mim já havia desaparecido, Edson retruca:

– Acho que não. Procure-o em Ribeirão que você irá achar.

Procurei, achei e pedi que ele se apresentasse imediatamente à emissora. No dia seguinte lá estava ele, meio perdido e sem saber o motivo de tal encontro. Sem despedi-lo, disse-lhe:

– Ô sua besta, como é que você me apronta uma dessas? Além de besta é burro, porque com a chance de conhecer Roma, Paris, Londres, você vem para Ribeirão Preto?

Cabisbaixo, o simplório confessa:

– Sabe o que é Paulinho? Eu estava com muitas saudades do cheiro da minha terrinha.

Explicando a artimanha dos narradores: uma tourada é composta por várias sessões de desafios (algumas passam de dez). A dupla gravou umas três sessões, mas foi enviando um a um os embates. Nesse ritmo, eles gravaram tudo em três dias, e eu teria programas para uns dois meses.

Após esse episódio, cheguei à conclusão de que Deus é brasileiro, porque somente ele traria de volta ao Brasil uma pessoa que, com a chance de conhecer praticamente os melhores países da Europa, com todas as despesas pagas, voltaria para o seu torrão natal.

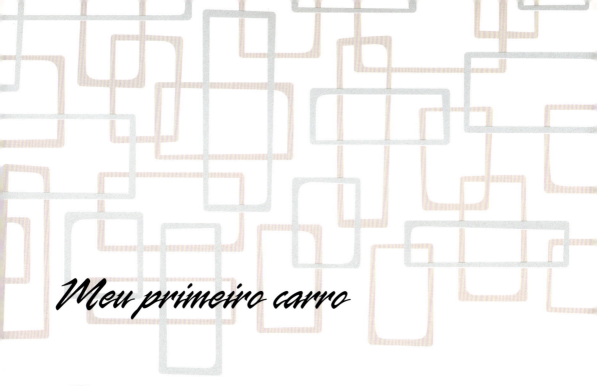

Meu primeiro carro

Os sonhos de todo adolescente são vários; entre eles, tornar-se independente e ter o seu carro próprio.

Eu estava no início de minha carreira radiofônica na Panamericana e já sentia a necessidade de não andar mais a pé, muito menos de bonde.

Com dois de meus melhores amigos por perto, Sangirardi e Zé Fino, comecei a vislumbrar uma idéia para conseguir realizar meu sonho, sem depender de meu pai.

Zé Fino era um dançarino de marca maior e freqüentava os bailes do Trianon, hoje Masp, na avenida Paulista. Foi ele quem me instigou a promover bailes, nos mesmos moldes do Trianon, para angariar fundos e, assim, adquirir o meu carrinho.

Incentivado por Sangirardi, que tinha um gosto musical apuradíssimo, comecei a gostar da idéia. Nós três fomos até o Trianon pesquisar todas as possibilidades de viabilização, tais como aluguel do salão, custos operacionais, porcentagem de lucro e, principalmente, o público alvo.

A avenida Paulista naqueles anos de 1940 era recheada de mansões e belíssimas casas, cujos donos eram fazendeiros de ótimo poder aquisitivo e muitos industriais chamados de novos-ricos, que tornaram-se endinheirados com a Segunda Guerra. Conseqüentemente, com muitos empregados, as residências

Paulo, cercado por Ruy Campos e Américo, jogadores do São Paulo Futebol Clube, em frente ao Hotel Bristol na praia de Carrasco, Montevidéu, 23/12/1944

1940

forneciam o público que procurávamos. A concentração de domésticas na região era muito grande e foi para elas que direcionamos os bailes.

Alugamos o salão do Trianon para as quintas-feiras e durante quase um ano lotamos a casa. A orquestra de Orlando Ferri abrilhantava os bailes. O sucesso de bilheteria era garantido, e a porcentagem das vendas do bar engordava nosso caixa. Zé Fino na bilheteria, eu recolhendo os ingressos na portaria e Sangirardi escolhendo o repertório das músicas era o trio perfeito para o sucesso dos eventos. Os bailes eram anunciados pela Rádio Panamericana na voz do próprio Sangirardi.

O momento mais aguardado por mim estava chegando, pois as reservas financeiras aumentavam, e após sete ou oito meses eu já estava numa loja de veículos usados para escolher o meu. A loja ficava na praça da República, e o seu vendedor principal chamava-se Antônio da Silva Porto. Antônio já vendia veículos para meu pai, e Luis de Oliveira Barros, dono da loja, era representante de Cadillacs, por terem mais mercado. Foi me oferecido um Opel alemão, ano 1938, bem popular e que satisfazia minhas necessidades. Na referida loja havia um simpático lavador de carros que posteriormente mudaria de profissão. Chamava-se Otávio Henrique de Oliveira, um homem grande, negro, de largo sorriso. Por sua irreverência e simpatia, seria apelidado no pós-guerra de Blecaute. O apelido foi criado pelo radialista Capitão Furtado, devido ao grande número de apagões que

Paulo Machado pai e filho nos escritórios da Rádio Record na rua Quintino Bocaiúva, 1951

1940

a cidade sofreu após o término da guerra. Blecaute destacou-se como músico carnavalesco, profissão que assumiu rapidamente, com o enorme sucesso de "General da banda".

No dia do primeiro passeio, eu e meus amigos fomos até o Ponto Chic, no largo do Paissandu, onde vários chopes fizeram a festa. Usamos nesse dia, o que não era muito o nosso hábito, o sistema Polera, apelido do pianista Paulo Gontijo de Carvalho, irmão do consagrado compositor Joubert de Carvalho, autor da música "Maringá". Paulo de Carvalho, o Polera, tinha o hábito de freqüentar o Ponto Chic e pedir o tradicional sanduíche bauru. Porém, seu lanche era acompanhado de pelo menos dez chopes; esse era o seu hobby. Portanto, quem chegasse no bar e pedisse um Polera, seria servido de um sanduíche e dez chopes. Uma curiosidade do famoso bar do Paissandu.

Orgulhoso e realizado por conseguir meu intento após meses de dedicação, e auxiliado pelos meus dois grandes amigos que tinham também generosa porcentagem da arrecadação, a independência começara a mudar o ritmo de minha vida.

Parte da delegação do São Paulo Futebol Clube em Montevidéu: Luizinho, Joreca, Piolim, Noronha, Ruy, Paulo Machado e Américo, 23/12/1944

A histórica Vila Helena

A pós a conturbada Revolução Constitucionalista de 1932, a cidade de São Paulo começava a renascer. A mesma revolução foi o mote para a ascensão da Rádio Record que, antenada ao crescimento, foi buscar mais potência para seus transmissores. Meu pai adquiriu um terreno na antiga estrada de Santo Amaro, hoje avenida Washington Luís, para instalar as torres de transmissão, onde também construiu uma residência bastante aconchegante. O bairro era conhecido como Vila Helena, com as suas ruas cobertas de terra, ainda sem pavimentação.

Carmen Miranda na torre dos transmissores da Record, ainda na Vila Helena, DÉCADA DE 1940

Eu e meu irmão Alfredo saíamos de nossa casa na alameda Barros, caminhávamos até a praça da Sé e de lá tomávamos o bonde linha Santo Amaro, para desembarcar no ponto em frente ao que hoje é o shopping Ibirapuera. Tudo isso, ao lado do professor Pereira, instrutor de natação da Sociedade Harmonia de Tênis, contratado por meu pai para exercitar nossas habilidades aquáticas na piscina da casa. Meu outro irmão, Tuta, era bem mais novo e não nos acompanhava nas aulas de natação.

Por causa da abertura do aeroporto de Congonhas, a Record foi obrigada a mudar seus transmissores. Com a inovação do sistema irradiante, sua potência passaria para mais de 50 mil watts. Um terreno próximo da via Anchieta foi o local escolhido para abrigar os novos transmissores.

1940

Com isso, meu pai ampliou e transformou a casa, mantendo a piscina e outras melhorias, inclusive um pequeno campo de futebol. Foi lá que passei minha infância, adolescência e grande parte dos momentos importantes de minha vida. A Vila Helena fez parte de três gerações de minha família: a de meu pai, a minha e a de meus filhos.

A residência da Vila Helena, a partir dos anos 1950, além de ser constantemente usada pela família, também foi palco de festas e comemorações, abrigando inclusive grandes nomes do cenário nacional e internacional. Servia também para a gravação de vários programas da TV Record, com os perfeitos cenários de seus jardins e piscina para belas tomadas das câmeras de televisão.

Demonstrando personalidade ética e visando ao enriquecimento das comunicações no Brasil, foi lá que Paulo Machado de Carvalho homenageou Assis Chateaubriand num inesquecível almoço de gala. Confirmado o resultado da eleição para governador do estado, em 1955, contrariando todos os institutos de pesquisa, a Record deu em primeira mão a notícia da vitória de Jânio Quadros. O próprio Jânio reconheceu o feito e fez questão de comparecer à Vila Helena para, ao microfone de Murilo Antunes Alves, falar à população e parabenizar a emissora.

Na página ao lado, nova torre de transmissão da Rádio Record na via Anchieta, DÉCADA DE 1940

Acima, vista parcial da estação transmissora de Vila Helena, com a primeira torre, DÉCADA DE 1940

1940

Ao receber o prêmio Radialista do Ano em 1955, oferecido pela famosa *Revista do Rádio*, seu diretor Anselmo Domingos entregou-me o troféu, e a festa da premiação foi realizada lá. Uma ocasião inesquecível, com a presença de todas as maiores autoridades da imprensa da época, entre elas Edmundo Monteiro, dos Diários Associados; Carlos Joel Nelly, da Gazeta; praticamente todos os artistas que trabalhavam no Grupo Record, e muitos de outras emissoras. Com mais de trezentos convidados, a festa estendeu-se madrugada adentro.

A Vila Helena continuava sendo o berço do lazer. Aos domingos à noite, eu e meus amigos não saíamos daquela casa aconchegante e atraente.

No auge da Jovem Guarda, Roberto Carlos tinha dificuldades em caminhar pelas ruas da cidade, pois seu sucesso era estrondoso. Causava inveja aos playboys e as rusgas eram constantes. Preocupado com a integridade física do ídolo, resolvi exilá-lo por um tempo. Foi lá que ele ficou escondido e recluso por três dias.

Na Vila Helena, Roberto Carlos foi homenageado pela conquista do Festival de San Remo com a música "Canzone per te",

Anselmo Domingos, diretor da Revista do Rádio, entregando a Paulo Machado o prêmio Radialista do Ano, 1955

1940

e seu noivado com Nice Rossi foi comemorado com muita festa. Ali também foram celebradas as bodas de prata (2/5/1948) e as bodas de ouro (2/5/1973) do casal Paulo Machado de Carvalho e Maria Luiza Amaral de Carvalho. Também merecem ser citados os casamentos de parentes próximos dos Machado de Carvalho, que lá realizaram suas festas. Faço questão de citar nomes de amigos assíduos freqüentadores da Vila Helena de minha geração, são eles: Alberto José Spengler, Carlos Junqueira, Jorge Barbosa Ferraz, Jorge Alves de Lima Filho, Eduardo Alves de Lima, André Arantes, José Manoel Leme da Fonseca, José Manoel Monteiro de Gouvêa, Roberto Moraes Barros, Antenor Lara Campos Filho, Carlos Augusto do Amaral Júnior, Estevam Sangirardi, José Roberto Toledo Moraes Barros, Waldemar Ortiz, Sérgio Barbosa Ferraz, Firmiano Pinto Neto, Ruy Mesquita, Roberto Lacerda de Oliveira, Carlos e Estelinha Comenale, Vera Lygia Braga, Marilia Braga, Marilu Delaman, Sylvia Pompeo do Amaral, Heloisa Lobo, Cecília Conceição, Alice Paes de Barros, Antonio Augusto Rodrigues, Fuad Mattar, entre outros.

Jânio Quadros concedeu sua primeira entrevista como governador para a Rádio Record na Vila Helena. Da esquerda para a direita: Emilio Colela, Paulo pai, Jânio Quadros, Viegas Neto e Murillo Antunes, 1955

1940

Festa na Vila Helena pela entrega do troféu Radialista do Ano para Paulo Machado, 1956

Da geração de meus filhos posso citar: Maria Luiza Almeida, Maria Helena Almeida, Ana Maria Moraes, Francisca Lutz, Maria Luiza Garcia da Rosa, Maria Luiza Sampaio Barros, Aloísio Simões de Campos, Antonio Hélio Assunção, Otávio Vidigal, dentre outros. Peço desculpas por outros nomes não lembrados.

Começando pelo meu pai e minha mãe, passando por mim, minha esposa e meus irmãos, continuando com meus filhos e sobrinhos, todos nós sempre buscamos nos deleitar no paraíso. E o paraíso era lá, na gloriosa Vila Helena.

CONTA-GOTAS:

Reconhecendo a baratinha

Meu tio, João Batista do Amaral, o Pipa, como era mais conhecido, além de sócio de meu pai na Rádio Record e em muitos outros empreendimentos, também dividia a sociedade da TV Rio, canal 13. Tio Pipa viajava muito para a Europa e Estados Unidos, principalmente para fechar novos negócios. Ele também saía à procura de artistas internacionais, com um grande interesse principalmente pelas artistas do sexo feminino. Certa vez, trouxe a tiracolo a Miss América, que se dizendo cantora, aproveitou para fazer-lhe companhia por aqui. Ao apresentá-la a mim, tio Pipa disse-me: "Olha, Paulinho, trouxe um presente para você apresentar na Record, se vira com ela". Só aceitei a ordem de meu tio e cumpri seu pedido porque eu tinha outros interesses. Sempre que saía em viagem, ele me autorizava a tomar emprestado seu carro, um Ford coupê ano 1942, movido a gasogênio, o qual, na época, sucedeu as famosas baratinhas. Nas mãos de um jovem como eu, o carro fazia muito sucesso entre as meninas.

Naquele ano de 1943, certa vez, com o carro todinho para mim por uma semana, lotei o bólido de amigos e fui dar umas bandas pela avenida São João e pela zona do meretrício, instalada no bairro do Bom Retiro. Durante todos os dias daquela semana, passávamos pelo famoso cabaré OK, na avenida Ipiranga, e, madrugadas adentro, as visitas à rua Itaboca eram constantes, não deixando de dar umas passadelas pela rua Aimorés, reduto dos inferninhos, repletos de belas mariposas.

De volta à sua querida cidade, meu tio retomou sua rotina de vida dando suas voltinhas noturnas com o mesmo carro. Para ele, eu passeava com o carro por lugares bem diferentes daqueles por ele freqüentados. Doce ilusão.

Sua surpresa foi tamanha ao passar pela rua Aimorés e escutar as moçoilas, que de suas janelas gritavam ao ver o carro: "Oi Paulinho, vem pra cá, sobe aqui, vamos relembrar a semana passada".

Crucificado e feliz da vida

Por ter grande amizade e empatia com Almirante, passamos por vários momentos de descontração e histórias memoráveis. Muitas delas eram contadas por ele com precisão e humor indescritíveis. Ainda não havia televisão e o rádio era um mero aventureiro em busca do sucesso.

O *cast* da Rádio Nacional do Rio de Janeiro detinha a grande maioria dos astros da época. Para complementar a renda, os ídolos faziam exibições em circos, ao ar livre, em teatros, cabarés e o que mais aparecesse. E Almirante me veio com esta:

Para encenar a Paixão de Cristo, num circo da periferia do Rio, foram selecionados vários artistas da Nacional, entre eles o jovem Paulo Gracindo, Ismênia dos Santos, Mário Lago, Henriqueta Brieba, Brandão Filho.

A idéia era passar ao público a realidade dos fatos acontecidos durante o calvário. Gracindo fazia o papel de Cristo, e os outros dois ladrões crucificados – Dimas e Gestas – também faziam parte do *cast* da Nacional.

O ator que fazia o personagem Gestas adorava cachaça. Adorava não, amava.

Com os três pregados em suas respectivas cruzes, o foco voltava-se para Gracindo, com os soldados cumprindo seus papéis de torturadores, mergulhando os chuços em baldes colocados aos pés das cruzes, para em seguida passar nos rostos dos sacrificados, aumentando ainda mais a tortura com fel.

Paulo Gracindo, um dos mais famosos atores da Rádio Nacional do Rio de Janeiro,
DÉCADA DE 1940

1940

Os diálogos tornavam-se frenéticos e, numa mistura de sofrimento e delírio, os ensangüentados e exaustos crucificados eram só gemidos.

Pré-combinados, o soldado que torturava Gestas tinha dentro de seu respectivo balde grande quantidade de cachaça.

Em meio aos diálogos normais e ensaiados dos atores, Gestas interrompia, falando aos soldados:

— Canalhas! Continuem o sacrifício! Torturem-me, dêem-me mais fel, covardes. Quero fel para continuar esse martírio, isto... mais... um pouco mais!

O soldado embebia seu chuço no balde de cachaça e lambuzava o rosto de Gestas que se lambia todo.

Para tirar o ator, ladrão e bêbado de sua cruz foi preciso deslocar um batalhão de pessoas, sendo que Gracindo também deu sua colaboração. Uma história que, mesmo indo contra os preceitos da Bíblia, é verdadeira.

Alguns dos astros que circulavam pelos corredores da Rádio Nacional: Aracy de Almeida e Almirante (página ao lado); Isaurinha Garcia e Emilinha Borba (acima), DÉCADA DE 1950

Homenagem a Paulo Machado na Rádio Nacional no Rio de Janeiro. Da esquerda para a direita: Jorge Goulart, Nora Ney, Geraldo José de Almeida, pessoa não identificada, Paulo Machado, Jimmy Lester (marido de Carmélia), Carmélia Alves e Nelson Gonçalves (de costas), 1956

Defunto em promoção

Entre os quinze e dezesseis anos de idade, uma característica de minha adolescência começava a se fazer presente: eu não estava marcando pontos na área estudantil. Percebendo rapidamente esse fato, meu pai designou-me para chefe de correspondências da Rádio Record. Eu ganhara uma carteirinha que, com os dizeres da minha nova função, levou meu ego às alturas.

Em frente à Record na rua Quintino Bocaiúva: Adoniran Barbosa, Erasmo Alfredo de Carvalho e o humorista Zé Fidelis,
DÉCADA DE 1940

Numa saleta onde havia pequenos casulos, meu trabalho era separar as cartas dos ouvintes, que chegavam aos montes, para todos os artistas famosos que compunham o *cast* da emissora. Com muito orgulho eu entregava as missivas muitas vezes pessoalmente. Era uma maneira de ter um contato direto com eles, sonho de muita gente.

Nos fins de semana, os estúdios das rádios sempre ficavam mais vazios. Os funcionários acumulavam funções e todos faziam de tudo.

Os resultados das loterias, divulgados pela A Preferida, sempre às seis horas da tarde do sábado, eram aguardados pelo ouvinte com muita expectativa. Seu Antônio era quem trazia os resultados; sem a chegada dele, não anunciávamos nada.

Ficávamos de plantão para possíveis alterações dos anunciantes, furtos de veículos e outras notícias de última hora, inclusive dos lotéricos. Eu recebia o

1940

Da esquerda para a direita: Francisco Renato Duarte, Paulo Machado, Joaquim Silva (porteiro da Record por cinqüenta anos), Adoniran Barbosa, Erasmo Alfredo de Carvalho e Zé Fidelis,
DÉCADA DE 1940

pagamento, redigia os textos dos anunciantes e também elaborava as notas de falecimento.

Certa vez, também num sábado, adentra os escritórios da rádio um senhor muito contristado, de origem árabe e também cliente da Record. Era proprietário de uma loja de sedas na rua Direita, e queria divulgar nota de falecimento de um familiar.

Expliquei a ele que o preço do texto a ser lido era fixo, desde que contivesse até 25 palavras. O anúncio iria ao ar naquela mesma noite. Ao ler seu texto, percebi que continha somente vinte palavras. Honestamente, disse-lhe:

– O senhor tem direito a mais cinco palavras. Com vinte ou 25 caracteres o preço é o mesmo.

Numa rapidez impressionante, ele falou:

– Então, coloque aí no final: "E não se esqueçam: amanhã grande liquidação Casas Salim".

1940

CONTA-GOTAS:

Uma gafe arretada

Desde sua inauguração em 1936, a Rádio Nacional do Rio de Janeiro teve grande influência e penetração em todo o território nacional. Tanto que seus artistas eram requisitados para fazer shows em várias cidades brasileiras. De norte a sul, de leste a oeste, o sucesso que faziam perante o público ouvinte era inquestionável. Quem contou-me esta passagem foi o grande astro da música Jorge Goulart que, juntamente com os cantores Nora Ney, Ataulpho Alves, Ademilde Fonseca, Carmélia Alves e vários outros artistas, faria uma série de apresentações pelo Nordeste.

Entre os nomes já famosos na época, um era Gilberto Milfond. Ele iria cantar em um baile de gala oferecido pelo governador de um estado nordestino. Por ser excelente intérprete de boleros, estava sendo aguardado com muita expectativa na cidade. Gilberto era franzino e ganhou o apelido de Jóquei de Elefante.

Era sabido por todos naquela cidade que o governante fora traído pela esposa em diversas ocasiões. A fama da primeira-dama não era das melhores; todos sabiam, menos Milfond.

O show teria em seu início atrações locais, e Gilberto encerraria o espetáculo. Ao subir ao palco, ele dedica a primeira música exatamente a quem não deveria: a esposa do governador. Milfond inicia o bolero cantando: "Senhora, tu manchaste o nome, o nome de um homem...".

A música foi interrompida e o cantor, alertado da situação constrangedora, alegou um mal-estar e saiu esgueirando-se entre as cadeiras dos expectadores. Nunca mais voltou ao lugar.

Aeroporto Santos Dumont, Rio de Janeiro. Gilberto Milfond (de costas), Inezita Barroso, Blota Júnior, Jacó do Bandolim e Paulo Machado, 1956

45

Meu tipo inesquecível

O que você quer ser quando crescer? A pergunta, feita por pais, avós, professores e amigos, atormentou a minha geração. Quando crianças e adolescentes, sempre procuramos nos espelhar em alguém, elegendo ídolos.

Marcelino de Carvalho era também gourmet e enólogo, 1966

Quem não se lembra da famosa revista *Seleções*, do *Reader's Digest*? Esse interessante almanaque chegou ao Brasil por volta de 1942. Virou sensação, por trazer artigos e curiosidades que despertavam grande interesse. Era leitura obrigatória para quem quisesse divertimento e informação.

Seções como "Piadas de caserna", "Rir é o melhor remédio" e "Meu tipo inesquecível" – minha preferida – nos proporcionavam enorme prazer. Por influência dessas leituras, comecei a procurar "meu tipo". Encontrei-o em Marcelino de Carvalho, o tio Marcelo, irmão de meu pai,.

Enumerando meia dúzia de itens indispensáveis para configurar um ser humano quase perfeito, diria que Marcelino possuía: bondade, cavalheirismo, charme, elegância, dignidade e, principalmente, caráter. Essas características o tornavam um galanteador de marca maior, pois as madames da época gravitavam ao seu redor.

Em contrapartida, tio Marcelo levava uma vida boêmia, o que para muitos significa, equivocadamente, ausência dessas qualidades.

1940

Marcelino de Carvalho no lançamento de um de seus livros, 1963

A cidade de São Paulo nos anos de 1920 e 1930 passava por mudanças típicas de futura metrópole, e Marcelino acompanhava de perto essas transformações.

Por ser de família tradicional, solteiro e também jornalista, mergulhou de corpo e alma na sociedade paulistana. Tornou-se o precursor do colunismo social no país. Amigo particular de Cásper Líbero, escreveu sua coluna durante muitos anos no jornal *A Gazeta*, sob o pseudônimo de Paulo de Verbena.

Mestre das boas maneiras, sua presença de espírito fascinava a todos os que com ele conviviam. De estatura baixa, inversamente proporcional ao seu carisma e inteligência, tio Marcelo fixou-se como símbolo da etiqueta social.

Em 1932, além de trabalhar no jornal *A Gazeta*, prestava serviços à Rádio Record como redator. Sensibilizado com o assassinato de quatro estudantes – Martins, Miragaia, Dráusio e Camargo, cujos nomes formariam a sigla MMDC – praticamente na porta da emissora, na praça da República, alistou-se para participar da Revolução Constitucionalista de 1932. Fez parte do Batalhão Piratininga, conhecido pelo apelido de Pó-de-arroz, por reunir recrutas advindos de classes mais abastadas da sociedade.

Juntamente com Júlio de Mesquita Filho, Francisco Mesquita, Alfredo Mesquita, Hermann Moraes Barros e muitos outros do mesmo batalhão, cumpriu prisão na ilha Grande. Por carta, comunicou à sua mãe que, durante um bom tempo de sua reclusão, foi limpador de banheiros nas prisões da ilha, o que lhe causa certo constrangimento.

Cessada a revolução, em 1935 tio Marcelo partiu para a Europa como repórter dos jornais *A Gazeta*, de São Paulo, e *Correio da Manhã*, do Rio de Janeiro, para realizar a cobertura jornalística da invasão da Abissínia (hoje Etiópia) pela Itália.

Com o início da Segunda Grande Guerra no final do ano de 1939, tio Marcelo foi para Londres, continuando sua importante missão de correspondente, através do jornal *Correio da Manhã*.

De volta da Europa, ostentava todas as características de um lorde, usando paletós de casemira com cotovelos de camurça e mantendo a pontualidade britânica em todos os compromissos assumidos. Por conta dessas influências, ao retornar ao Brasil, abriu uma loja de artigos sofisticados na rua Barão de Itapetininga. Chamava-se Novelty, que em português significa novidades. Porém, a despeito de todas as suas qualidades, tio Marcelo não possuía tino comercial. Infelizmente, a loja durou pouco tempo.

Minha avó Brasília Leopoldina Machado de Carvalho não acreditava muito que o filho levasse uma vida boêmia. Ele próprio cuidava de mantê-la nessa inocência. Quando chegava em seu apartamento, na rua Martim Francisco, com o dia já amanhecendo, tomava banho, despenteava os cabelos e colocava seu robe de chambre. Em seguida, atravessava o jardim para ir até a casa de minha avó, que ficava no mesmo terreno, tomar o café-da-manhã juntamente com seu irmão, Paulo Machado de Carvalho, que se preparava para mais um dia de trabalho. Minha avó acreditava piamente que o filho acabara de acordar.

Tio Marcelo também era *habitué* de nossa casa na Vila Helena. Em certo domingo de inverno, sentados à mesa da sala de jantar, meus amigos Sangirardi e Zé Fino saboreavam uma deliciosa sopa de tomates. Tio Marcelo lhes perguntou: "O que vocês estão tomando?".

Os dois responderam: "Sopa de tomates". A iniciativa de meu tio foi direta: "Vocês não sabem tomar sopa de tomates, vou ensinar-lhes".

Tio Marcelo, então, dirigiu-se ao bar, pegou uma garrafa de conhaque, encheu seu prato da bebida, acrescentou uma colher da sopa de tomates e disse: "Isto é uma verdadeira sopa de tomates". Observando o prato de tio Marcelo,

1940

Marcelino de Carvalho e o colunista da Folha *Tavares de Miranda (à direita), 1959*

Sangirardi e Zé Fino logo perceberam que a coloração de seu conteúdo era bem diferente...

Em meados dos anos 1950, meu querido tio casou-se em Campinas com uma psiquiatra chamada Vera Hussmann. O casamento durou apenas 45 dias...

Morou no luxuoso edifício Esther, construído anos antes pela família Nogueira, na rua Sete de Abril, quase esquina com a praça da República. Revolucionando os padrões habitacionais da época, o Esther, abrigava nomes famosos, entre eles o casal Di Cavalcanti e Noêmia Mourão. Em seu subsolo, a famosa boite Oásis era o ponto de encontro da boemia paulistana. Marcelino ocupava o apartamento de cobertura de número 1101, e era tido como um dos moradores mais ilustres do condomínio.

Seus ditames eram enfáticos e não admitiam desvarios. Por exemplo, ao carregarem seus guarda-chuvas, os homens deveriam mantê-los dependurados no antebraço esquerdo. A peça, de preferência, deveria ser um Brig, a mais famosa marca de guarda-chuvas ingleses da época. Tio Marcelo tinha o seu Brig com uma peculiaridade: embutida no cabo, havia uma lapiseira para que ele fizesse suas anotações de última hora. Tudo o que chamasse sua atenção, ele anotava no mesmo momento.

Apesar de manter-se sempre bem vestido, tio Marcelo nunca usou um fraque ou uma casaca. Segundo ele, esse tipo de roupa não vestia bem um homem de baixa estatura.

Num período de vinte anos escreveu seis livros, todos eles dedicados à perfeição da etiqueta.

Os títulos dos livros eram interessantes e chamavam a atenção do leitor, principalmente quando o assunto era as boas maneiras: *A nobre arte de comer*, *ABC das boas maneiras*, *Só para homens*, *Snobérrimo*, *A arte de beber* e – o mais famoso deles – *Guia de boas maneiras*. Este último foi um sucesso de vendas, chegando facilmente à quinta edição, com suas 217 páginas totalmente voltadas para a etiqueta social.

Mesmo com uns graus etílicos a mais, o cravo na lapela de Marcelino permanecia intacto. Ao usar um monóculo, tornava-se uma figura essencialmente britânica.

Adquiriu um britanismo tal que, na época em que trabalhou na Record da Quintino Bocaiúva, abandonou várias vezes a programação, pela qual era o responsável, por motivo de atraso. Ao ouvir as badaladas do mosteiro de São Bento acusando meio-dia e percebendo que os programas iriam sofrer atrasos, pegava seu paletó e ia embora, sem dar satisfações a ninguém. Ao ser convidado para participar do programa de entrevistas de Hebe Camargo, em meados dos anos 1970, na TV Record, prometeram que ele entraria para conversar com a apresentadora às dez horas da noite. Por algum motivo, a entrevista anterior atrasou uns poucos minutos. Sem pestanejar, tio Marcelo foi embora antes de ser entrevistado.

Certa vez, minha prima Estelinha Comenale contou-me mais uma curiosidade sobre Marcelino. Ele sempre dormia nu, mesmo nos mais rigorosos invernos.

Com sua conduta retilínea, de outra vez, tio Marcelo foi além da nossa imaginação. Ele já trabalhava na Rádio Record, e a vítima – se é que podemos chamar assim – foi um representante da Igreja Católica.

A Rádio Record fez uma imensa campanha para angariar fundos para a compra de um aparelho de raios X, que seria doado a uma casa de saúde da cidade de Campos do Jordão.

O sucesso da campanha foi tal que, em vez de um, foram adquiridos dois aparelhos. Mesmo assim, o reverendo responsável pelo sanatório veio questionar tio Marcelo, insinuando que a campanha angariou mais recursos do que teria sido divulgado:

1940

Hebe recebe, no canal 7, o cirurgião sul-africano Christian Barnard, autor do primeiro transplante de coração da história da humanidade,
DÉCADA DE 1960

– Sr. Marcelino, quem consegue dois, poderia ter conseguido três, não é mesmo?

Com uma lisura e elegância ímpares, vestido como um lorde, de monóculo e cravo na lapela, Marcelino levantou-se de sua cadeira e, tremendamente irritado, disse:

– Olha reverendo, quer saber de uma coisa? No cuzinho, entendeu? Bem de leve... no cuzinho... no... cuzinho.

Meu tipo inesquecível era boêmio e elegante, mas não tinha papas na língua.

CONTA-GOTAS:

Amigo para sempre

Ao ingressar no tradicional Colégio São Luís em 1935, já localizado na então arborizada e residencial avenida Paulista, para cursar o antigo ginasial, conheci um dos grandes amigos de minha infância e um pouco de minha adolescência. Seu nome era Oswaldo Lara Vidigal.

De nobre família paulistana, Oswaldo tinha como características principais em sua personalidade a cortesia, a solidariedade e a irreverência. No início dos anos de 1940, descobrimos juntos a aventura e o *glamour* que o Guarujá, com suas belas praias, proporcionava aos seus visitantes. Era para lá que nos dirigíamos, em seu Chevrolet, ano 1945, de cor preta, sempre que possível para encontrar nossas respectivas namoradas.

Quando a responsabilidade nos chamou para a labuta cotidiana, acabamos por nos separar por um longo período, e isso ocorreu por volta de 1947, ano em que me casei. Mas o verdadeiro amigo sempre ocupa um cantinho em nossos corações. Vidigal tinha o seu espaço no meu peito e tenho certeza de que eu ocupava também o seu coração. A prova disso foi que, após quase trinta anos sem ao menos nos falarmos, aconteceu o inesperado.

A felicidade tomava conta de mim por inteiro, pois, naquele dia realizava-se o casamento de minha filha Maria Luiza com Tito Enrique, na bonita capela do Colégio Nossa Senhora do Sion, no bairro de Higienópolis, onde ela havia completado seus estudos. Aguardando o início da cerimônia, estava eu pronto para dirigir-me ao altar quando senti tapinhas nas costas. Ao virar para ver quem era, fiquei extremamente surpreso com a presença de Oswaldo. Mil coisas passaram pela minha cabeça naquele momento, mas a que ficou marcada foi a sua fala rápida e sem devaneios: "Paulinho, não vim aqui para tumultuar, vim apenas para desejar felicidades para você, para a Odete e para a sua filha".

Aquele amigo e companheiro de anos atrás saiu pela mesma porta lateral que entrou, ficando em minha lembrança a sua silhueta iluminada pelos raios de sol do cair da tarde, os bons momentos que passamos juntos e não as histórias verdadeiras ou lendárias que existiam a seu respeito já naquela época.

Nunca mais o vi.

Uma aula de inteligência... com os pés

A Segunda Guerra Mundial ainda acontecia e, apesar disso, nosso fanatismo pelo futebol aumentava. Mesmo sem possuirmos carros próprios, eu e meus amigos arriscamos uma descida até Santos para acompanhar nosso São Paulo Futebol Clube contra a briosa Portuguesa Santista.

Lance do jogo São Paulo x Palmeiras, decisão do Paulista, 1946

Naquele domingo de outono de 1944, juntamente com quatro amigos tricolores, eu passei por uma experiência inusitada. A descontração e a alegria começaram logo pela manhã ao alugarmos um táxi, cujo motorista era um ex-jogador do Juventus. Seu nome era Sordi, uma pessoa engraçadíssima e de um astral acima do normal.

A via Anchieta ainda não existia e fomos obrigados a descer a serra pela antiga estrada do mar, com suas curvas sinuosas e um belíssimo visual de toda a parte litorânea. Éramos cinco – no carro só cabiam quatro –, mas demos nosso jeitinho para que todos pudessem desfrutar da aventura.

Américo Marques da Costa; seu primo Zequinha Marques da Costa, que futuramente seria vice-diretor do São Paulo; Luís Cássio dos Santos Werneck, mais adiante presidente do conselho deliberativo do tricolor; um outro Marques da Costa, torcedor da lusa daqui da capital, conhecido como Zecão, e eu, como um dos fundadores da Torcida Uniformizada do São Paulo, estávamos prontos para presenciar mais uma vitória do amado clube.

1940

Gol que valeu o campeonato de 1946 ao São Paulo, marcado por Renganeschi, mesmo contundido

A barreira de fiscalização no final da serra era inevitável e ficava próxima a Cubatão. O veículo poderia conduzir até quatro pessoas, portanto, um de nós teria o privilégio de viajar no porta-malas. O escolhido foi Zequinha, por ser o mais franzino.

Como o afluxo de pessoas para o litoral era grande naquele dia, houve uma parada inesperada, e Zequinha considerou-a como sendo a da fiscalização, mas não era.

Alguns metros adiante, lá estavam os guardas para verificar veículo por veículo e fazer suas inspeções. Rodeando o carro, os militares olhavam minuciosamente o veículo e seus ocupantes. Zequinha, já com falta de ar, batia insistentemente na tampa do porta-malas querendo sair. Foi aí que entrou a versatilidade de Sordi, o motorista que nos livrou de encrencas. Alto e bom som, Sordi falava: "não seje afoboso... não seje afoboso!". Os guardas não escutaram as batidas de Zequinha e nos liberaram para seguir adiante.

Escapamos de problemas, mas quem os teve, principalmente no primeiro tempo da partida, foi o São Paulo. Perdendo por 1 a 0 e tendo um quadro bem superior à lusa santista, o tricolor começou sua reação somente aos quinze minutos do segundo tempo. Tudo isso, graças a um lampejo de criação do meia armador Antonio Sastre. O argentino chegara para jogar no clube em 1943, e foi ele quem conclamou os companheiros, ainda no intervalo do jogo, para que em vez de jogarem objetivamente, ensaiassem um baile, desmoralizando

1940

O atacante Sastre se despede do São Paulo, cercado por Joreca (treinador), Giggio (goleiro, atrás) e Paulo pai, 1946

e humilhando o adversário, com jogadas de extrema categoria, mesmo perdendo a partida.

Ao voltarem a campo, os jogadores do tricolor desfilaram um balé, esnobando chapéus e dribles inusitados com toques magistrais. Nós, nas arquibancadas, não entendíamos absolutamente nada.

Sastre foi um dos mais completos jogadores argentinos, pois chegou a jogar em sete posições diferentes; um feito inédito no futebol, principalmente daqueles tempos. Tanto que foi apelidado de El Maestro.

A Portuguesa Santista já aplicava o famoso ferrolho suíço, um sistema de retranca criado pelo técnico, também suíço, Karl Rappan, na Copa do Mundo de 1938.

O time do São Paulo não conseguia vencer a barreira lusa, e Sastre, vislumbrando a possibilidade de confundir o adversário, conseguiu que sua idéia fosse colocada em prática. Enquanto o técnico Joreca pregava táticas em busca da vitória, Sastre insistia no olé para desconcertar o inimigo. Resultado: virada tricolor em 3 a 1 e uma vitória magnífica.

Só fiquei sabendo dessa artimanha de Sastre porque meu pai, na época diretor de esportes, presente nos vestiários, me contou tudo após o jogo encerrado.

Um susto no speaker

Um dos grandes nomes do rádio brasileiro ao longo do século 20 foi, sem dúvida nenhuma, o de Nicolau Tuma. Eu era muito pequeno, e Nicolau já iniciara sua carreira radiofônica, primeiramente na Rádio Educadora Paulista e logo em seguida na Record. Juntamente com César Ladeira e Renato Macedo, ele fez parte do triunvirato de locutores da PRB-9 que narrava os acontecimentos da Revolução Constitucionalista de 1932. Foi um dos primeiros locutores de partidas de futebol pelo rádio, e, por sua velocidade narrativa, ganhou o apelido de Speaker Metralhadora.

Os três irmãos Carvalho: Paulo, Erasmo Alfredo e Antonio Augusto, prédio da Record em Congonhas, DÉCADA DE 1950

Cresci, e por força das circunstâncias, pois trabalhando na Record era inevitável não encontrá-lo por lá, fiquei seu amigo. Essa passagem se deu numa visita que fizemos aos famosos Laboratórios Fontoura, no bairro do Jabaquara, zona sul da capital.

A convite do sr. Cândido Fontoura, idealizador do biotônico mais famoso da época, fomos conhecer as instalações e o *modus operandi* da conceituada empresa. Os dois filhos de Cândido, Dirceu e Olavo Fontoura, além da irreverência, tinham como fortes características o empreendedorismo e o bom humor com que lidavam com as situações cotidianas.

1940

Os irmãos Fontoura chegaram a montar, por pura brincadeira, uma emissora de rádio, a qual, posteriormente, viria a tornar-se a séria Rádio Cultura, que tinha como slogan "a voz do espaço".

Representando a Associação de Emissoras de São Paulo estavam presentes meu pai, Raul Duarte, Edmundo Monteiro, Teófilo de Sá, Nicolau Tuma, Enéas Machado de Assis e eu. Os Fontoura resolveram aprontar, e o sorteado foi Tuma.

Passávamos por uma bancada cheia de produtos químicos, tubos de ensaio, pipetas e outras quinquilharias. Ao perceber a aproximação de Tuma, um funcionário que manuseava os produtos, com seu avental branco e pompas de alquimista, simulou um incidente derrubando o líquido no colo do radialista. Tudo isso pré-combinado com os aprontões irmãos Dirceu e Olavo.

Nicolau, assustado e temendo que algo ruim pudesse acontecer, entrou em pânico, sendo acalmado em seguida. A idéia de limpar seu paletó com álcool embebido em algodão foi de Olavo que, ao perceber o desespero de Tuma, tentou acalmá-lo. Providenciada a limpeza de seu paletó e um pouco mais tranqüilo, nosso speaker continuou ao nosso lado na visita. Na sala adiante, Dirceu consultou seu falso especialista, explicando-lhe o ocorrido, com todos nós à sua volta. O ator foi perfeito em sua explanação, dizendo a Tuma para não se preocupar, pois o produto era neutro e inofensivo. A única coisa que não poderia ser feita, e que tornaria o produto altamente tóxico e mortal, seria uma limpeza do local com álcool.

Sentindo um desespero incontrolável e tomado pelo nervosismo, Tuma chegou a passar mal, dessa vez de verdade. Precisou ser atendido e a brincadeira acabou ali, com os Fontoura tendo que esclarecer a todos que tudo não passara de uma armação.

Durante mais de três anos, Tuma fez exames regularmente para ter certeza de que nada de grave poderia acontecer com sua rica saúde.

Sempre solidário, prestativo e com um grau humanístico elevado, a figura de Nicolau Tuma marcou para sempre a história do rádio e dos Machado de Carvalho.

CONTA-GOTAS:

A placa

Era uma placa simples, de vidro escuro, com dimensões aproximadas de vinte por trinta centímetros. As letras inscritas eram de cor dourada e, pela sua simplicidade, até que chamavam bastante a atenção. Durante muitos anos ela foi observada e analisada cotidianamente por todos aqueles que transitaram pelos corredores do prédio da rua Conselheiro Crispiniano. A Record mudou-se para a rua Quintino Bocaiúva. Ela também, como se fizesse parte da família. Quem subia as velhas escadas, ou mesmo usava o elevador com suas portas pantográficas, manejado pelo velho Joaquim Silva, símbolo e patrimônio da empresa, também mantinha contato obrigatório com a tal placa.

As pessoas que a leram certamente tiraram várias conclusões. Eram dizeres que instigavam a reflexão, tanto dos funcionários, como também dos visitantes que nos davam a honra de sua presença. Até os dias de hoje, amigos e ex-funcionários comentam com saudades a sua importância.

Pode até não ser relevante, mas ela teve grande importância na vida da empresa, principalmente pelo seu conteúdo, que certamente orientou vários de nós na busca de objetivos e do cumprimento de nossa missão.

A empresa cresce, busca novos ares, muda-se para a avenida Miruna, no bairro do Aeroporto. A placa vai junto. Subindo as escadas, era inevitável vê-la.

Após a transferência da Record, em 1991, nunca mais ouvimos falar da referida placa. Esperamos que ela não tenha tido o mesmo destino que a imagem de Nossa Senhora Aparecida, colocada bem na entrada de funcionários, misteriosamente desaparecida e que também, durante muitos anos, nos iluminou e guiou nossos passos dentro da organização.

Um certo dia, a Record nasceu, evoluiu, fez história. Durante toda a sua existência, essa placa ficou afixada na porta da sala do diretor-presidente: Paulo Machado de Carvalho.

Ela continha os seguintes dizeres: "Trabalha lealmente com o espírito sossegado oito horas por dia. Mais tarde, serás chefe. Trabalharás então 24 horas. E nunca mais terás sossego".

Férias diferentes

Por ter me tornado muito amigo de Almirante, eram inevitáveis as trocas de histórias acontecidas no meio radiofônico, principalmente durante a década de 1950. Eu lhe contava algumas, e ele retribuía com outras tantas.

Bem mais vivido do que eu nos bastidores do rádio, ele guardava pérolas preciosas em sua mente. Certa vez, ouvi dele uma história que envolvia o famoso professor de educação física Oswaldo Diniz Magalhães.

Desde sua inauguração, a Rádio Nacional do Rio de Janeiro mantinha em seu elenco os grandes nomes da música. Também como diferencial, contratava especialistas em outros assuntos. Oswaldo veio para a emissora para apresentar um programa de ginástica. O programa ia ao ar às seis horas da manhã, para que o ouvinte despertasse fazendo exercícios. Já com poucas audições, o professor conquistou um enorme índice de audiência. O programa ficou 51 anos no ar; um recorde. Os incomparáveis Lauro Borges e Castro Barbosa, criadores da fantástica PRK-30, talvez o melhor programa radiofônico que foi ao ar até os dias de hoje, imitavam o professor Magalhães com maestria.

Com um grande número de ouvintes, durante certo período foi promovido um concurso sobre como o professor aproveitaria suas férias. Os fãs deveriam man-

Lauro Borges, com Castro Barbosa, apresentou o PRK-30, um grande sucesso da Rádio Nacional, que influenciou mais de uma geração de comediantes brasileiros, DÉCADA DE 1950

1950

dar cartas para a rádio indicando qual o melhor lugar para Oswaldo passar as férias. Nessa época, o professor Magalhães apresentava seu programa na Rádio Mayrinck Veiga no mesmo Rio de Janeiro.

No dia de divulgar o resultado a expectativa era muito grande. Oswaldo disse ao microfone:

– Agora, vamos divulgar o resultado do nosso concurso "Onde o professor Diniz deve passar suas férias" com a distribuição de excelentes prêmios.

O terceiro lugar vai levar um lindo rádio tipo capelinha com duas faixas de onda, da marca Philips. Agradecemos ao ouvinte que indicou nossas férias nas águas termais da linda cidade mineira de Araxá.

Em segundo lugar, ganhou quem indicou a cidade de Teresópolis, um paraíso para quem quer relaxar e curtir bons momentos de

Emilinha Borba e Paulo Machado, DÉCADA DE 1950

1950

descanso. O sorteado vai levar do nosso programa uma belíssima geladeira da marca Bendix.

Quanto ao primeiro lugar, eu queria dizer a esses ouvintes mal-educados que para lá eu não vou jamais. Aceito a opinião da maioria, porém, a puta que pariu não é um bom lugar para se passar férias.

Paulo Machado, ao lado das cantoras Marlene e Carmélia Alves, e de Blota Júnior, 1956

A velha guarda inteira em minha casa

A vida nos reserva prazeres indescritíveis, e são esses deleites que permitem nosso avanço existência afora. Guardo com carinho em meu currículo de vida a amizade franca, sincera e honesta com uma pessoa de suma importância para a cultura brasileira em todos os tempos: Henrique Foréis Domingues, o Almirante.

Pixinguinha e Paulo Machado na casa da rua Bélgica, 1954

Não se pode falar de Almirante em poucas linhas, pois o risco de se cometer crime hediondo é muito grande. Seria necessária uma enciclopédia de vários volumes para defini-lo. Ao trazê-lo para São Paulo, em meados da década de 1950, um sentimento de incentivador da verdadeira música brasileira tomou conta de mim. Seu hábitat era o Rio de Janeiro, e eu sentia uma dorzinha-de-cotovelo do povo carioca por ter Almirante sob seus domínios.

O eixo Rio–São Paulo tornou-se uma constante em sua vida. Em uma de suas estadas em São Paulo, no começo do ano de 1954, em que se comemorava o quarto centenário da cidade, "a maior patente do rádio", juntamente com Aracy de Almeida e o jornalista Flávio Porto vislumbraram a idéia de fazer um show com o pessoal da chamada velha guarda.

Para que fosse concretizado o evento, ficou combinado entre eles que Aracy conversaria com Clóvis Graciano, presidente do Clube dos Artistas e Amigos da

1950

Arte, o famoso Clubinho para os íntimos; Flávio traria os jornalistas cariocas; e Almirante "venderia o peixe" para mim.

Almirante me procurou todo solícito:

– Paulinho, tenho convivido com muita gente que está em dificuldade financeira. Vamos fazer alguma coisa para ajudar.

Esse pessoal já fez muito pela música brasileira, não podemos abandoná-los. Eles pretendem gravar um disco e nós temos totais condições de ajudá-los.

Uma sugestão vinda de uma pessoa que tinha em seu rol de amizades Noel Rosa, Pixinguinha, Aracy de Almeida, Lamartine Babo, Braguinha e tantos outros, deveria ser aceita sem questionamentos. A TV Record, fundada um ano antes, já mantinha em seu *cast* nomes como Isaura Garcia, Elza Laranjeira, Neide Fraga, Roberto Amaral e Adoniran Barbosa, todos fazendo sucesso em São Paulo.

Escolhi o recém-inaugurado parque do Ibirapuera para realizar o evento, por ser um local amplo e ideal. Lá, sob o comando de Almirante, realizamos então o I Festival da Velha Guarda, com entrada franqueada ao público.

Assim, presenteamos a cidade de São Paulo, que acabara de completar quatrocentos anos. Durante três dias, a cidade parou para ver de perto os festejos que teve todo o apoio da Associação das Emissoras de São Paulo.

Primeiro, no Teatro Arthur de Azevedo, na Mooca, e depois ao ar livre, no parque do Ibirapuera, o público delirou com Pixinguinha, Donga, João da Baiana, Bide da Flauta, Bororó, Jacó do Bandolim, Baden Powell (com dezesseis anos de idade) e muitos outros. Meu amigo Flávio Porto e seu irmão Sérgio também foram presenças marcantes.

Eu e minha esposa morávamos não muito longe dali, na rua Bélgica, Jardim Europa. Era dia 25 de abril, eu estava comemorando trinta anos de idade, naquela noite, juntamente com minha esposa e o casal Blota Júnior e Sônia Ribeiro, fomos jantar na Caverna Santo Antônio, um simpático restaurante na rua Rego Freitas. Cheguei em casa por volta de onze da noite e, ao me deitar, escutei música ao longe, parecendo vir de carros parados na rua. As canções eram da turma da velha guarda.

Para minha surpresa, batem à porta de casa. Vou atender e me espanto. Do lado de fora estavam Almirante e todos os participantes do festival. Almirante, com sua voz grave, disse:

– Ô Paulinho, abra a porta. Temos uma surpresa para você.

De repente, na sala de minha casa estavam Aracy de Almeida, Pixinguinha, Donga, João da Baiana, Jacó do Bandolim... e foi aí que meu estoque de bebidas evaporou-se. Beberam tudo o que tinham direito, e bafômetro nenhum mediria o teor alcoólico do grupo.

Após duas horas de muita música e muita bebida, Almirante falou:

– Paulinho, o Pixinguinha fez um choro para você, é o "Chorinho do Paulinho", ele vai tocar agora, prepare-se.

Ser homenageado pelo compositor de "Carinhoso" foi um dos maiores carinhos que recebi na vida.

A madrugada avançava e o grupo resolveu partir. Dias depois, em uma de suas crônicas num jornal do Rio de Janeiro, ressaltando a repercussão do evento, o fantástico Antonio Maria escreveu: "... Pixinguinha e Benedito Lacerda estão tocando juntos, em sax tenor e flauta, a grande melodia de 'Carinhoso'. Ambos beberam e estão no auge do sentimentalismo. Em volta, o silêncio paulista de homens e mulheres que sabem gostar da melhor música do Brasil. (...) Pixinguinha e Benedito estão tocando ao longo de uma madrugada paulista. Era bom que a noite não acabasse agora e fosse do tamanho da imensa lealdade dos homens dignos".

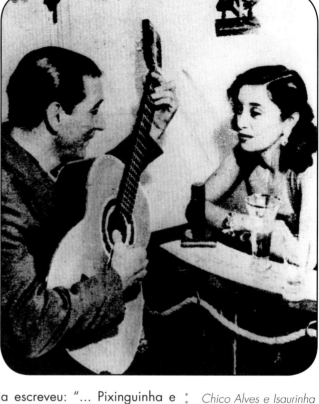

Chico Alves e Isaurinha Garcia na Rádio Record à rua Quintino Bocaiúva,
DÉCADA DE 1950

Esse festival talvez tenha sido o embrião para o futuro programa *Jovem Guarda*, dez anos depois. O então colunista social da *Folha de S.Paulo*, Ricardo Amaral, mantinha dentro da seção de Tavares de Miranda, no mesmo jornal, um espaço dedicado aos jovens. Amaral intitulava-o de "Jovem Guarda", e foi com sua sugestão que viabilizamos o nome do programa.

Mas, naquela noite de 25 de abril, os artistas da velha guarda foram embora trançando as pernas, e eu voltei para a cama bêbado... de sono.

Voando para buscar o astro

O dia transcorria normalmente sem muitas surpresas. Era fim de tarde e eu estava tranqüilo em minha sala no prédio da avenida Miruna, onde se concentravam as Emissoras Unidas.

Naquele ano de 1959, os planos eram muitos e ousados, principalmente para inovar e sacudir um pouco o meio artístico. Algumas idéias começavam a germinar; por exemplo, um festival de música popular brasileira. O meu lado empresarial para o show business ainda estava efervescente, e não era para menos, pois o sucesso dos nomes já trazidos me impulsionava para a busca de tantos outros.

Eram constantes os contatos com Oskar Ornstein, no Rio de Janeiro. Ele me falava para ficar atento, pois a qualquer momento o empresário de Nat King Cole, Carlos Gastel, passaria pelo Brasil. Se eu quisesse trazer o grande nome para São Paulo, teria de fazer vigilância sobre seu agente.

Por volta das cinco da tarde daquele até então dia tranqüilo o telefone tocou em minha sala; era Oskar:

– Olha, Paulinho, o empresário do Nat vai passar pelo Rio amanhã cedo, acho que ele vai ficar poucas horas lá no Copacabana Palace, se você quiser mesmo o show do Nat aí em São Paulo, terá de vir para cá o mais rápido possível.

A chegada de Nat King Cole a São Paulo. Na sua frente, o repórter Silvio Luiz (com o microfone), tendo ao seu lado o empresário Moisé Bregmann e Paulo Machado (atrás), 1959

1950

Chamei meu amigo Paulo Charuto para me fazer companhia:

– Paulo, vamos para o Rio fechar com o Nat King Cole.

– Ótimo. A que horas sai o vôo?

– Que vôo o que rapaz, você está maluco! Esqueceu que eu tenho medo quando se fala em avião? Nós vamos de carro.

Eu tinha um Pontiac ano 1958, de cor cinza e capota preta, um avião para os fanáticos por carros da época. Por volta de oito da noite, pegamos a via Dutra, que ainda não era duplicada. Com muitos caminhões e tráfego intenso, fomos fazer a primeira parada no famoso Clube dos 500, um dos primeiros restaurantes à beira da rodovia, perto de Guaratinguetá. Numa viagem São Paulo–Rio, quem não parasse no Clube dos 500 perdia uma ótima oportunidade de saborear uma comida de primeiríssima qualidade.

Sempre com o pé no fundo, continuamos a viagem. Com um carro possante e seguro, minha verve pela velocidade tornara-se mais presente.

Chegamos ao Rio de Janeiro por volta de quatro horas da manhã e fomos direto para o Copacabana Palace. Mal deu tempo de uma ducha rápida, e Oscar liga para meu quarto dizendo:

– O homem já está aqui, é só descer para assinar.

Tudo correu bem, e com o dia amanhecendo minha felicidade era incontida, pois eu conseguira mais um monstro da música para a Record. Chegava a hora de retornar. Eram oito horas da manhã e dois vilões atacavam Paulo Charuto e eu: o calor insuportável e o sono.

Ao meu lado, no banco do passageiro, com os pés no painel do carro, meu parceiro cochilava, deixando-me com impressão de motorista particular. Para trazer de volta sua companhia, tive que usar um artifício bastante eficaz contra o sono: frear bruscamente o carro a cada curva. Assim, obrigava-o a ficar acordado.

Ao passarmos pela cidade de Resende, no Rio de Janeiro, nas proximidades da Academia Militar das Agulhas Negras, levamos um grande susto. Ouvimos um estampido forte vindo do teto do carro. Observando melhor, vi um furo no vidro, ao lado de Paulo. Uma bala perdida passou a centímetros de sua cabeça. O sono e o cansaço foram imediatamente esquecidos.

De volta a São Paulo, a ansiedade e a expectativa pela temporada do *showman* eram imensas. De 21 a 24 de abril daquele ano, o Teatro Paramount foi palco de oito espetáculos fantásticos, dois por noite. Com sua voz suave e um poder incrível para dominar a platéia, Nat King Cole encantou o público.

1950

Nat King Cole canta no Golden Room do Copacabana Palace, Rio de Janeiro, 13/4/1959

Os espectadores jamais ficaram sabendo da única e inusitada exigência do artista, constante até em cláusula contratual: desde o camarim, incluindo seus móveis, passando pelo corredor que o levaria ao palco, tudo deveria ser cor-de-rosa. As frutas deveriam ter essa mesma tonalidade.

Mas tive uma grande surpresa ao visitá-lo no camarim, alguns minutos antes do show começar. Ao abrir a porta, deparei-me com o fenômeno da música de meias e cueca... cor-de-rosa.

Talvez daí sua temporada ter transcorrido na maior calmaria, sem pedidos extravagantes, costume das grandes estrelas. Foi uma das únicas em que não tive de enfrentar imprevistos.

CONTA-GOTAS:

Como estás? Estudando?

João Rubinato, o querido e amado Adoniran Barbosa, já fazia enorme sucesso na programação da Rádio Record no começo dos anos 1950. Com seus tipos engraçados, Adoniran cativou a todos que com ele conviveram.

No memorável programa *Histórias das malocas*, criado e dirigido por Oswaldo Molles, ele protagonizava vários personagens, com destaque para Charutinho, uma verdadeira aula de *dolce far niente*.

Nos tornamos bons amigos, porém, o velho ditado "amigos, amigos, negócios à parte" prevalecia. Contratado da Record, Adoniran até que merecia um salário melhor do que ganhava, porém, era preciso coerência na folha de pagamento daquele *cast* riquíssimo da emissora.

Certa vez, Adoniran entrou em minha sala, sempre com as portas abertas a todos os funcionários que trabalharam comigo, e perguntou:

– Paulinho, quando você vai me dar aumento?

Sempre precavido, respondi:

– Estou estudando, Adoniran.

E sua tática tornou-se freqüente:

– Paulinho, como estás? E meu aumento?

Eu sempre escapando:

– Estou estudando... estudando...

Até que um dia os questionamentos ficaram veementes e o despojado artista irrompeu em minha sala:

– Amigo, e meu aumento?

– Estou estudando.

Bonachão que era ele, não levou cinco segundos para retrucar:

– Então, Paulinho, eu vou te pedir um favor: como você está a mais de seis meses estudando, quando chegar a sua formatura me avise, que eu faço questão de ir de smoking.

Esse era o perfil do fantástico Adoniran.

Ousadia e confusão diante do mito

Meu pai, Paulo Machado de Carvalho, não parava um minuto sequer em sua casa, pois a preocupação e a correria eram inevitáveis: faltavam cerca de oito meses para a Copa do Mundo da Suécia e era preciso de qualquer maneira conquistar um primeiro campeonato mundial.

Numa certa manhã daquele 1957, em sua casa na alameda Barros, sentado e fazendo muitas contas, sou questionado pelo velho:

– O que você está fazendo?

– Estou pensando em trazer o Louis Armstrong para se apresentar na TV Record.

– Você ficou maluco? Não existe a menor possibilidade, como vamos fazer isso?

– Sei lá, talvez vendendo entradas para os shows, buscando patrocinadores, dividindo despesas com empresários estrangeiros, enfim, montando um amplo pacote.

Meio a contragosto e com nariz retorcido, ele meio que aceitou a proposta:

– Está bem, você faz o que quiser, mas a responsabilidade vai ser toda sua.

Eu tinha 33 anos de idade, e esse episódio marcou a linha divisória entre o início de minha carreira como empresário do meio artístico e a continuidade de

Louis Armstrong, um mito do jazz. Com ele, a Record abriu a temporada de artistas internacionais no país, 1957

1950

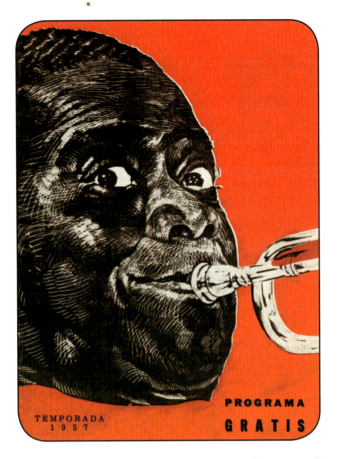

minhas funções à frente do Grupo Record. Se não desse certo, a pressão seria muito forte, principalmente do lado profissional, e eu teria de partir para outras áreas de trabalho.

Para trazer um astro do porte de Louis Armstrong era preciso desembolsar muito dinheiro, uma quantia absurda, afinal de contas, ele atingira 56 anos de idade e 35 de carreira.

Satchmo, como Armstrong ficou mundialmente conhecido, estava se apresentado em Buenos Aires, levado por um grande empresário argentino chamado Pancho Lococo. Foi através de um circuito de pessoas influentes aqui da capital paulista, incluindo Ciccilo, dono da cantina Don Ciccilo, um recanto italiano da rua Frederico Steidel, bem próximo ao largo do Arouche, que conseguimos viabilizar a vinda do artista. Ciccilo também era dono do restaurante do aeroporto de Congonhas e mantinha contato com diversos empresários de muitos países. Isso facilitou a vinda de Armstrong.

1950

Após a oficialização do contrato, o ícone do jazz estava prestes a desembarcar no Brasil. Eu era pura adrenalina.

O espaço para as apresentações deveria ser grande, diferenciado, e logo me veio a idéia do Teatro Paramount, com seu estilo arquitetônico exuberante e charme incomum. A certeza era plena de que o local faria jus à exibição de Armstrong. Para isso era preciso dedicação máxima nos mínimos detalhes; não poderiam haver falhas.

Para realizar esse espetáculo com sucesso, eu teria de buscar espaços que possuíam as famosas defesas (obter o maior público possível com poder aquisitivo diferenciado). Isso só seria possível em teatros e casas de espetáculos que tivessem, por exemplo, poltronas de platéia, frisas, balcões, camarotes. O único teatro em São Paulo disponível na época e que oferecia defesas era o Paramount. Outro fator importante era a exteriorização da vaidade humana. Assistir a um espetáculo de camarote talvez tivesse outro sabor do que numa poltrona comum.

Naquela época, os vôos entre Buenos Aires e São Paulo eram realizados em aviões DC-3, com várias escalas durante o percurso. A TV Tupi, nossa concorrente direta, bastante enciumada, resolveu fazer alguma coisa para furar a Record. Enviou à capital paranaense um dos seus melhores repórteres, José Carlos de Moraes – o famoso Tico-Tico – para conseguir entrevistar o astro antes que se apresentasse na Record.

O vôo que trazia o tão esperado ídolo fez sua última parada em Curitiba. Com o avião parado na pista, de portas abertas e escada abaixada, Tico-Tico subiu correndo e afoito para iniciar a reportagem que lhe traria as maiores honrarias.

Emocionado por estar frente a frente com o grande mestre do jazz, o repórter tropeçou e bateu seu microfone na boca de Armstrong, causando-lhe um ferimento de pequenas proporções, porém uma confusão muito grande. Justamente o instrumento de trabalho do artista ficou comprometido.

Logo após a sua chegada a São Paulo, providenciei o melhor hotel da cidade para hospedá-lo, o Jaraguá, principalmente por localizar-se próximo ao Paramount.

Estavam marcadas duas sessões do show, às oito e às dez horas da noite, com todas as entradas para a primeira sessão vendidas e o Paramount lotado.

O grande momento estava chegando: oito horas, oito e dez, oito e vinte, oito e trinta e nada do homem aparecer. Eu não sabia do episódio do Tico-Tico e o

1950

Bing Crosby e Louis Armstrong no filme Alta sociedade, *dirigido por Charles Walters e com músicas de Cole Porter,* 1956

pânico começava a abater-me. Parte do público estava deixando o teatro, porque o juizado de menores retirava os adolescentes da casa de espetáculos antes das nove da noite. O que se ouvia eram vaias estridentes, e lá fora a turma da sessão das dez já querendo entrar.

Em meio à confusão, Pancho Lococco me telefona dizendo que Armstrong, muito nervoso e assustado, não queria dirigir-se ao teatro para fazer o show.

Sem saber a quem recorrer, fui eu mesmo resolver o problema.

Saí em desabalada carreira pela Brigadeiro Luiz Antonio, peguei a Major Quedinho e cheguei ao Hotel Jaraguá esbaforido. Na recepção, encontrei com uma pessoa muito conhecida do jet set paulistano da época, o playboy Valdemar Siqueira, mais conhecido por Vavá. Vavá viajava muito para a França acompanhando seu amigo Jorge da Silva Prado (Jorgito), também ilustre na sociedade paulistana, e foi por lá que o playboy adquiriu seu título excêntrico de Vavá de La Vavadier.

Transpirando a cântaros, cumprimentei-o. Ao ver meu estado catatônico, ele perguntou:

– O que aconteceu, Paulinho?

– Estou com um baita problema e muito desesperado, o Louis Armstrong não quer cantar.

– O quê? Como é que é isso?

– É uma longa história, só sei que ele não quer cantar e eu preciso que ele cante, o Paramount está lotado, com o público impaciente e vaiando muito.

– Onde ele está?

– Sei lá, deve estar trancado lá em cima.

– Vamos lá na suíte falar com ele, vamos resolver isso.

Chegando ao apartamento, batemos várias vezes na porta, tocamos a campainha insistentemente e nada, ninguém queria abrir. Lá dentro estavam Lococo, Armstrong e sua mulher. Vavá, aproveitando seu porte físico avantajado, meteu os dois pés na porta, arrombando-a. Dentro da situação, para nós trágica, a cena que vimos dentro do quarto foi hilária. Armstrong estava com uma máscara de jogador de beisebol, tendo ao seu lado a esposa, de penhoar, e Lococo tentando convencê-lo a ir para o teatro.

Falando em inglês, eu e meu amigo tentávamos convencê-lo. Não demorou muito para Vavá perder a paciência e dizer-lhe que, se não fosse ao teatro naquele momento, iria apanhar, e muito. Armstrong, bastante assustado, aceitou o convite na hora.

Eram vinte para as dez. Voltei correndo para o teatro e comuniquei ao público que, devido ao desgaste do artista, faríamos uma sessão às dez horas e outra à meia-noite. Às dez em ponto, Armstrong subiu ao palco sob vaias intensas, só ouvidas anos depois nos festivais de MPB.

Ao colocar seu lenço no trompete e iniciar a música "St. Louis Blues", o Paramount veio abaixo. Eu não tive tempo para lembrar o que tinha acontecido uma hora antes, a distância entre o inferno e o paraíso ficou curta demais. A agonia, o desespero e o nervosismo foram esquecidos em minutos.

Devido ao grande sucesso e à fabulosa acolhida do público, fui obrigado a fazer um espetáculo extra, no ginásio do Ibirapuera, a preços populares, convidando a estrela da voz do momento: Ângela Maria.

No fim, o mito do jazz gostou tanto da temporada que me presenteou com o primeiro relógio de ouro que ganhei na vida.

Mais valiosa que o relógio de ouro foi a certeza da conquista da confiança que meu pai depositou em mim.

Sovinices de qualidade

Murillo Antunes Alves foi um dos mais competentes e brilhantes profissionais das Emissoras Unidas. Versátil, dedicado e incomparavelmente pão-duro. Algumas passagens refletem a essência desse repórter.

Murillo Antunes Alves e Paulo Machado, 16/6/1967

Ao ganhar o prêmio Roquette Pinto, sonho de todo profissional, Murillo me procurou dizendo que não poderia estar presente na entrega do troféu. Indignado, perguntei-lhe por qual motivo ele se ausentaria. Em poucas palavras, ele rebateu: "Estou sem condições financeiras para comprar o sapato para minha esposa usar no evento". A Record acabou comprando os sapatos da esposa de Murillo, e ele foi receber o prêmio, feliz da vida.

Outra de suas inusitadas investidas relacionou-se à minha crença de que eu seria bom caçador, mas precisava adquirir determinado equipamento para praticar o hobby. Quando Murillo estava prestes a embarcar para os Estados Unidos, pedi que me trouxesse de lá uma luneta para encaixar em minha espingarda.

De volta ao Brasil, Murillo me entregou a encomenda. Ao testá-la, percebi que era uma verdadeira porcaria, pois não enxergava um palmo sequer além do meu nariz. Ao questioná-lo, fui enfático:

– Pô, Murillo, você me comprou uma luneta que não deixa ver nada! Mas que porcaria!

Como um tiro, ele respondeu:

1950

— Ô, Paulinho, mas e o preço dela, você não leva em conta? Eu te trouxe até troco. Foi baratinha, muito baratinha.

Ao mesmo tempo em que recebi essa resposta, notei um volume muito grande em seu bolso da calça. Era do tamanho de meio tijolo, e pelo jeito pesava muito. Perguntei-lhe:

— Murillo, o que é isso aí no seu bolso?

— É um isqueiro moderno que saiu lá nos Estado Unidos.

— Mas Murillo, desse tamanho, onde você está com a cabeça?

Naquela época ainda não existiam os isqueiros a gás, sendo muito comum o uso de bingas e isqueiros de pedra, baratos e que não duravam muito. Numa ingenuidade atroz, Murillo respondeu:

— Paulinho, esse isqueiro é de pedra eterna, não acaba nunca.

As peripécias de Murillo Antunes Alves não terminam por aí. Na abertura do ano santo em Roma, sob o pontificado de Pio XII, foi enviada uma equipe das Emissoras Unidas para oferecer ao público uma ampla cobertura. Na comitiva estavam Murillo, Raul Duarte, o comendador Siqueira e o sr. Raul Guastini, representante da Companhia Antárctica Paulista, que patrocinava o evento junto aos microfones da Record.

A comitiva chegou a Paris e de lá partiria para Roma num trem de luxo. Chegada a hora do jantar, Murillo e Raul encaminharam-se para o vagão-restaurante. Ao sentarem-se à mesa, foram ambos rapidamente abordados por duas moças com aparência de muito fáceis. Levados pelo entusiasmo, o jantar corria solto, e um bom vinho não poderia faltar. A carta de vinhos foi passada a Murillo que, aleatória e distraidamente, escolheu o mais caro. Entre risadas e muita descontração, a farra rolou madrugada adentro.

Solicitada a conta, o desespero de Murillo ficou evidente. Pálido, apelou a Raul. Com seu jeito gozador, Raul nem deu bola, deixando o amigo pagar a módica quantia.

Apesar dessas e de outras, Murillo Antunes Alves foi um dos melhores profissionais que conheci.

CONTA-GOTAS:
O Sexy Relations

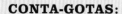

Um entusiasta que sempre tive a meu lado durante muitos anos no Teatro Record foi Mauro Cesarini. Com uma verve perspicaz para lidar com as pessoas, ele sempre segurou muitas barras.

Sempre bem vestido, elegante e com um ótimo papo, Mauro tratava de distrair e alegrar os artistas, principalmente os internacionais, por mim contratados. Como? Levando-os aos lugares mais agitados da cidade e, com grande maestria, ocupando-os com companhias agradáveis, daí seu carinhoso apelido de Sexy Relations.

Certa vez, Mauro chegou até mim e pediu uma gentileza: arranjar um advogado para resolver a situação conjugal da mulher por quem ele se apaixonara. Ela estava separada do marido e, com a resolução judicial a favor do desquite – ainda não havia divórcio no Brasil –, Mauro poderia enfim casar-se com a amada.

Confiante nos serviços advocatícios do então redator da Record, Thalma de Oliveira, que escrevia o famoso programa *O crime não compensa*, cujo apresentador era Gastão do Rego Monteiro, e que também tinha como conselheiro o delegado Leite de Barros, solicitei-lhe a ajuda. Thalma conseguiu um advogado seu amigo para auxiliar no caso.

Após alguns dias, encontro Mauro em pranto sentado nas escadarias da emissora, com o queixo apoiado no cabo de seu guarda-chuva. Perguntei-lhe:

– O que houve, Mauro?

E ele, com olhar mareado, ironicamente me respondeu:

– Queria agradecer-lhe a ajuda, o tal advogado que você me arrumou foi tão prestativo, dedicou-se tanto à causa, que conseguiu reatar o antigo relacionamento da mulher com a qual eu pretensiosamente queria casar. Obrigado, Paulinho.

Tentei o melhor, consegui o pior para o meu amigo. Que vida!

Um batuta modesto

O furor e o entusiasmo causados pela conquista do prêmio de Melhor Filme de Aventura no Festival de Cannes, em 1953, fez do filme *O cangaceiro*, de Lima Barreto, uma obra-prima. Além disso, a trilha sonora também foi premiada, com a música "Olê muié rendeira" despontando para o sucesso. O elenco tinha Alberto Ruschel, Marisa Prado, Vanja Orico e até Adoniran Barbosa.

O cinema nacional foi outro a partir dessa premiação, mas o autor da música do filme continuou o mesmo. E é dele, do grande maestro Gabriel Migliori, que conto duas passagens rápidas.

Na Record da Quintino Bocaiúva havia uma sala especial para Migliori, com piano e um arquivo que continha todas as partituras, de valor inestimável. Até Almirante, que detinha a maior coleção de partituras já conhecida, chegou a usufruir de tal arquivo. A sala também era utilizada por outros grandes maestros da Record, como Hervê Cordovil e Ciro Pereira.

A competência e a dedicação do maestro Migliori, indiscutíveis, nos alegrava muito, como também suas histórias inverossímeis.

Certa vez, cruzei com ele nos corredores da rádio e falei:

— Gabriel, ontem tentei falar com você, fui à sua sala, mas estava trancada.

Serenamente e fingindo seriedade, Migliori responde:

Hélio Ansaldo, um dos maiores colaboradores de Paulo Machado na rádio e TV Record, o maestro Gabriel Migliori, AAA de Carvalho e o cantor Nelson Gonçalves,
DÉCADA DE 1950

1950

Vanja Orico e Milton Ribeiro no filme O cangaceiro, de Lima Barreto, 1952

— Eu não estava lá, aliás, eu queria mesmo falar com você. Preciso mandar fazer uma outra chave da porta da minha sala.

— Por quê? O que aconteceu? Você perdeu a original?

— Sabe o que é, depois desse meu sucesso com o filme *O cangaceiro* acabou o meu sossego. As meninas não me deixam em paz. Ontem, uma delas pulou em meu pescoço, encheu-me de beijos, quase perdi o fôlego. E para terminar, me deu um abraço tão forte, tão apertado, que amassou a minha chave que estava aqui no bolso da calça.

Mostrando-me a chave toda torta, Migliori saiu corredor afora, rindo às avessas.

Passados alguns dias, ele me vem com outra. Lembro-me bem que era uma segunda-feira.

O maestro morava próximo ao Campo de Marte, na zona norte da capital. Seu irmão era um excelente piloto da aviação civil.

Estou em minha sala quando entra Migliori:

– Paulinho, que belo dia ontem, hein! Domingo com sol é outra coisa, não?

– Claro, Gabriel, é o melhor dia da semana.

– Pois é, ontem aconteceu uma coisa incrível.

Preparado para mais uma, instiguei:

– Vamos lá, conte-me mais essa.

– Estou tranqüilo na varanda lá de casa, lendo meu jornal. Ouvi um ruído de avião, que ia e voltava, voltava e ia. Comecei a ficar irritado, principalmente porque voava baixo.

– E daí, qual a novidade?

– O avião estava tão baixo que dava para ver quem era o piloto. Sabe quem era?

– Não!

– Meu irmão. Ele estava perdido e não sabia onde era a pista de pouso. Estava desesperado, punha a cabeça fora da janela e falava: Bié, eu estou perdido, onde é o Campo de Marte?

Deixei o mentiroso concluir:

– Eu falava: É pra lá... vira tudo e volta, é pra lá. Graças a Deus ele conseguiu. Veja você, Paulinho, o que a gente passa nesta vida.

Com um sentimento de altíssima devoção pela Sociedade Esportiva Palmeiras, o palestrino maestro, que atuava na lateral esquerda do time de futebol da equipe Record, não admitia ver seu clube do coração derrotado. Certa vez, ao entrar em minha sala, aproveitei para cutucá-lo, após uma derrota do alviverde para o arqui-rival Corinthians pelo placar de 2 a 1:

– Então, Migliori, quanto foi o jogo ontem?

Com sua frieza incomum, ele diz:

– Como sempre 1 a 0 para o Palestra.

Respondi:

– Mas como, o jogo foi 2 a 1 para o Corinthians!

– Isso foi para vocês. Na minha casa foi 1 a 0 para o Palmeiras, lá ninguém marca gol no meu Palestra.

As agruras cotidianas eram suavizadas por essas pérolas do querido maestro Gabriel Migliori.

Caçando com talentos

No começo dos anos 1950 predominava um verdadeiro *glamour* nas artes nacionais. O recém-inaugurado Teatro Brasileiro de Comédia (TBC); as companhias cinematográficas Maristela e Vera Cruz, esta última a menina dos olhos de Franco Zampari; o rádio em expansão e a novata televisão abrindo-se como um botão de rosa cada vez mais uniam os artistas e intelectuais de todos os segmentos.

Ao lado do TBC na rua Major Diogo, havia o famoso Nick Bar, cujo proprietário, Joe Kantor, distribuía simpatia e aconchego. Até altas horas, o Nick Bar era freqüentado por vários artistas, entre eles Cacilda Becker, Sérgio Cardoso, Walmor Chagas, Paulo Autran, Tônia Carreiro, Renato Consorte, os Jograis e muitos outros. Foi ali que meu círculo de amizades expandiu-se.

Também se deu naquele bar o início de minha amizade com Anselmo Duarte, que acabara de desembarcar em São Paulo para as filmagens de *Tico-tico no fubá*.

A convite de Gilberto Amaral Campos, excelente locutor da Rádio Record, resolvemos fazer uma caçada – atividade muito comum na época – em sua fazenda no interior. Caçar pacas e capivaras era um santo remédio para estabilizar a adrenalina, principalmente pelo churrasco que viria em seguida.

Paulo Machado e Anselmo Duarte,
DÉCADA DE 1950

1950

O grupo de aventureiros seria formado por Anselmo; o então diretor financeiro da Record Pedro Santoro, o poeta português Carlos Maria de Araújo e, logicamente, o dono do veículo que os conduziria, eu.

Mesmo com dificuldades para explicar em casa o real motivo para sair tão cedo, combinei de pegá-los às quatro da manhã no Nick Bar. Conforme combinado, Anselmo e Carlos me aguardavam na porta do bar. Ao passar na casa de Santoro, na alameda Lorena, para apanhá-lo, o dia não começou muito bem.

Ao entrar no carro, Santoro fala:

– Vocês já escutaram o rádio?

Naquela época, as emissoras de rádio encerravam suas transmissões à meia-noite. Então, respondemos a Santoro:

– Não, por quê?

Santoro, quase emudecido, anuncia:

– O Chico Alves morreu.

Ali, naquele momento, passamos de caçadores a presas, presas do destino, ingrato e cruel, que nos atacava covardemente. Nosso faro para a boa música havia se dissipado. Não tínhamos onde nos esconder, a não ser na toca da solidão musical.

Após três horas de viagem, durante as quais não faltaram cochilos de todos os componentes do grupo, menos do condutor do veículo, chegamos à fazenda de Gilberto, bem próxima de Ribeirão Preto.

Por sermos todos principiantes no ramo, fomos obrigados a escutar de Gilberto, mais tarimbado, quase uma palestra. Isso serviria para que todos pudessem usufruir de uma bela aventura.

As caças deveriam ser espantadas por cachorros; correriam pelos carreiros (caminhos ou passagens habituais de caça) e seguiriam em direção ao rio que estava logo abaixo dos atiradores.

Em meio à barulhada de latidos dos cães, parecendo uma cena hollywoodiana, com todos os atiradores preparados para o grande momento, Carlos Maria solta a frase alto e bom som:

– Ó Paulinho, qui aspecto tem a bichinha?

De tanto gargalhar, não tive condições nem de perceber a passagem das bichinhas. Não dei nenhum tiro, aliás, nenhum de nós tinha tal condição, ou seja, perdemos as presas.

Paulo Machado, Alberto Ruschel, Ilka Soares, Anselmo Duarte e Blota Júnior nos estúdios da Rádio Record,
DÉCADA DE 1950

1950

Almoço de confraternização no Gigetto. Da esquerda para a direita: Agostinho Aguiar Leitão, Carlos Maria de Araújo, Paulo Machado, Aracy de Almeida, Carlos Galhardo, Blota Júnior, Luís Carlos Passos, Chuvisco e Augusto Duarte Ribeiro (Dênis Brean),
DÉCADA DE 1950

Ao retornarmos à sede da fazenda, Gilberto ainda tentou nos reanimar. Disse que nem tudo estava perdido, pois poderíamos tentar abater aves, desde que não atirássemos nas canoras. Até fiquei animado pela nova chance, mas Carlos Maria aniquilou o ânimo do grupo ao perguntar:

– Ó Paulinho, cumu ieu bou sabeire qui a iábi é canora?

Entreolhamo-nos e fomos direto para o churrasco, advindo da geladeira, pois o sonho de saborear caças tinha ido para o espaço, porém, a cervejinha estava gelada.

CONTA-GOTAS:
Vencedores por acaso

As corridas de cavalo já foram motivo de filmes, músicas, e sempre marcaram presença na vida do ser humano. Mistificado como esporte chique, o turfe com seus mais de cem anos de existência já foi o centro da atenção de muitos. Jogar com a sorte e apostar fez do homem um eterno desafiador de destinos. Assistir a um páreo no hipódromo sempre foi, e ainda é, um teste de adrenalina.

Quando não se pode visitar o jóquei por falta de condições financeiras, inventam-se, criam-se mecanismos para se ter as mesmas emoções. E era isso o que a equipe técnica da TV Record, nas horas de folga, fazia para se divertir. Durval de Souza, Wady Dini, Armando Mirabelli, o fantástico palhaço Pimentinha, e muitos outros que por ali passavam, eram instigados a pelo menos fazer uma aposta em seu cavalo preferido.

Nos dias em que havia corridas no jóquei, o mesmo acontecia dentro dos estúdios da emissora. A estratégia era a seguinte: um dos participantes da turma ia até o hipódromo, pegava o programa com todos os páreos daquele dia e levava para o resto do pessoal analisar.

Cada um apostava em seu respectivo animal como se estivesse nas arquibancadas do Jóquei Clube, sendo que o montante de apostas ficava em cima da mesa. O locutor que narraria o páreo entrava no banheiro, fechava a porta e, a seu bel prazer, começava a narrar a corrida, sem saber quem tinha apostado em quem. Os gritos dos apostadores eram escutados praticamente no prédio todo, deixando os funcionários da emissora curiosos em saber o que acontecia.

Os ecos vindos do banheiro despertavam a curiosidade: "Atenção... foi dada a partida para o segundo páreo desta noite...".

O "Hipódromo Record" era o espelho do Jóquei Clube, pois tinha um excelente narrador de páreos, o assistente de estúdio Antonio Morau. Fornecia os melhores figurinos, para quem quisesse se sentir aristocrata (os camarins eram bem próximos) e, de quebra, tinha maquiadores de primeira linha, para deixar os apostadores com uma bela aparência. Tudo o que se vê hoje no meio turfístico.

No Jóquei Clube havia senhoras elegantemente vestidas; na Record, elegantemente despidas, pois as bailarinas dos programas circulavam bem próximas de onde estavam acontecendo os supostos páreos. Os jovens apostadores da Record se assemelhavam bastante com os rapazes freqüentadores do hipódromo, ao estilo dândi. Se no Jóquei Clube os serviços de bufê ficavam sob o comando de renomados *chefs* da gastronomia da época, no "Hipódromo Record", os quitutes ficavam a cargo do Zé do Bar.

Apostava-se pouco, ria-se muito e a vida continuava.

Aos pés de Maysa

Roberto Corte Real, além de apresentador do noticioso *Mappin Movietone*, um líder de audiência da TV Record, acumulava a função de produtor da poderosa gravadora da época: a RGE.

Muito amigo de José Scatena, dono da gravadora, ao chegar à porta de minha sala, Corte Real, animadíssimo, foi logo dizendo:

— Tem uma cantora muito boa que eu descobri, vale a pena investir, te interessa?

Com precaução, questionei:

— Calma, rapaz, vamos devagar, quem é?

— O nome dela é Maysa.

Meio indeciso, protelei a resposta, mas pela animação de Corte Real até que fiquei interessado. Nessa época, meados dos anos 1950, olhos e ouvidos bem abertos permitiam grandes descobertas de novos talentos.

Ao receber um telefonema de Edmur de Castro Cotti, diretor da agência McCann-Erickson na época, dizendo-me que a Bombril teria interesse em patrocinar um programa da TV Record, tratei de englobar Maysa no pacote.

Foi através de Edmur que a Record trouxe para seu *cast* a já brilhante Inezita Barroso, vinda da Nacional de São Paulo. Segundo suas argumentações, quanto mais estrelas a Record pudesse contratar, melhor ficaria sua imagem.

A cantora Maysa, que iniciou sua carreira na Rádio Record,
DÉCADA DE 1960

1950

A partir disso, trouxemos além de Inezita Barroso, a já consagrada Isaurinha Garcia, a iniciante Ângela Maria e a própria Maysa.

Mas o preço de se conseguir coisas valiosas nunca é baixo. Pelo contrário, não basta ter o dinheiro, é preciso ter jogo de cintura. Eu tinha a primeira condição, mas a segunda requeria improviso, e eu até que tentei.

Foi um sufoco fazê-la assinar o primeiro contrato. Seu marido, André Matarazzo, era frontalmente contra a iniciação da cantora na carreira artística. Consegui convencê-lo ao dizer que o dinheiro pago à artista poderia ser revertido para instituições de caridade.

Decorridos seis meses da assinatura do contrato, Maysa não ganhava muito, e foi nesse período que separou-se do marido. Aí ela começou a gostar mais do dinheiro, e também de freqüentar a alta sociedade.

O seu sucesso estava consumado, portanto, eu seria obrigado a renovar o contrato, mas nem passou pela minha cabeça que seria muito mais difícil do que o primeiro.

Percebendo que muitas emissoras já estavam sondando a artista, devido ao seu enorme sucesso, fui até sua casa no bairro do Pacaembu para que ela renovasse o mais rápido possível.

Levei o contrato preenchido, faltando só a sua assinatura. Ao entrar em sua residência, presenciei uma cena que se parecia com a de uma boate: música em volume altíssimo, ela dançando em cima da mesa, e seus pais aplaudindo-a, todos em alto teor etílico.

Procurei entrar na farra, mas, são e lúcido, ficava meio complicado. Ria com eles, fingia que bebia e falava a ela:

Assinatura do primeiro contrato. Da esquerda para a direita: representante da RGE, André Matarazzo (primeiro marido da cantora), Maysa, Roberto Ferreira (dono da Bombril), Paulo Machado e Edmur de Castro Cotti (diretor-geral da McCann-Erickson), DÉCADA DE 1950

1950

– Assina aí... assina logo, vamos!

Ela pegava o contrato, jogava para o alto e dizia:

– Agora não, primeiro vamos comemorar, beba mais um.

Não estava fácil naquele momento, mas eu não poderia desistir, afinal de contas, eu estava praticamente aos pés da grande revelação da música brasileira do momento.

Após várias tentativas, consegui meu intento e fui comemorar disfarçando minha intensa euforia.

Água para um campeão

Numa tarde radiosa do ano de 1958, em minha sala localizada na avenida Miruna recebo a visita do grande empresário de boxe Abrahão Katznelson. Em tom gozador, ele me perguntou:

— Estou indo para o México, você quer alguma coisa de lá?

Eu, todo envolvido com o mundo dos artistas internacionais, a maioria deles norte-americanos e europeus, pretendia também contratar valores latino-americanos de renome. Então, respondi a Katznelson:

— Claro que eu quero, me traga o Trio Los Panchos.

Muito ativo em sua área, Katznelson, ao chegar aos Estados Unidos, conheceu o grego naturalizado norte-americano George Parnassus, que era responsável pelo ginásio de Los Angeles, o famoso Coliseum. Nesse ginásio eram realizados os grandes combates pugilísticos, desde a categoria pena até a categoria médio.

Alguns dias se passaram, muitas luas se foram e, num determinado dia, Katznelson entra em minha sala e diz:

— Cheguei ontem do México e tenho novidades.

— Ótimo! Eles toparam?

— Não, trouxe-lhe o Campeonato Mundial de Boxe. É o grande trunfo lá por aquelas bandas. Aproveitei o sucesso que o Éder Jofre está fazendo por aqui, e

Em 1957, Éder Jofre começa a lutar profissionalmente. Três anos mais tarde, conquista o título mundial, que mantém até 1965

103

1950

Éder e Kid Jofre, seu pai, exibindo o cinturão de ouro de campeão mundial dos galos, São Paulo, 1960

juntamente com o Parnassus, fechamos o contrato. Que tal?

Era mais um desafio para a minha carreira de empresário.

Conversando com Parnassus, ele me disse que já tinha ouvido falar de Éder Jofre. Juntamente com Katznelson e Moisé Bregmann, eu vislumbrei ali a chance de promover o evento, contudo, não tínhamos a peça mais importante: Éder Jofre.

Fomos então procurar o detentor dos direitos do lutador: o empresário Jacob Nahoum. Após várias reuniões, conseguimos convencê-lo de que seria interessante formarmos uma sociedade. Nosso argumento para convencer Nahoum era que ele tinha uma jóia em seu poder e precisaria mostrar essa relíquia ao mundo do boxe.

A chance de disputar o título mundial era a vitrine que Éder precisava. Parnassus disse a Katznelson que o momento era ideal para Éder, pois o detentor do título dos Galos havia desistido do cinturão. Quem o substituíra, o mexicano Joel Mendel, era de um nível inferior, portanto, as chances de Éder aumentariam.

Após algumas lutas preparatórias, entre elas com o filipino Danny Kid e com o argentino Ernesto Miranda, Éder mostrou seu grande valor de campeão. Venceu os dois confrontos e, em seguida, foi até Los Angeles lutar com o mexicano Joel Mendel e, caso vencesse, desafiaria o primeiro do ranking, Eloy Sanches.

Com dificuldades, Éder venceu Mendel, batendo em seguida, até com certa facilidade, o líder Sanches e conquistando o cinturão. Uma honra para o nosso país.

O Galo de Ouro, como Éder ficou conhecido após a conquista, teve uma recepção primorosa ao retornar a São Paulo e desfilar em carro aberto pelas ruas. Por situar-se bem próxima ao aeroporto de Congonhas, a TV Record foi a primeira a receber o campeão. Depois dos cumprimentos do dr. Paulo Machado de Carvalho e de receber as devidas homenagens, o campeão continuou o desfile até o bairro onde passara toda a sua infância, o parque Peruche.

1950

Éder Jofre em uma de suas primeiras lutas ainda como amador, 1955

Após tal façanha, eu e meus sócios vislumbramos a possibilidade de Éder defender o título e, ao lutar com o campeão europeu, unificar o cinturão. Este era Johnny Caldwell, um irlandês de muitas qualidades técnicas. Faríamos de tudo para a luta ser realizada no Brasil.

Muito animado, fui até Buenos Aires visitar um dos ginásios mais importantes da América do Sul, o famoso Luna Park, único com condições de sediar grandes eventos. Na capital Argentina fui recepcionado pelo empresário italiano Ricardo Cella, que me ajudou bastante na vinda de artistas italianos para o nosso país.

Cella já conhecia a proprietária do Luna Park, a sra. Lectouri, e foi ele quem a apresentou a mim. Após a recepção, fomos convidados a assistir à sessão de lutas que ocorreria naquela noite. Meu interesse era grande, pois os subsídios para a futura luta de Éder no Brasil seriam tirados dali.

O boxe argentino estava bem mais adiantado que o nosso, tinha um perfil profissional elevado, portanto não era idéia ruim copiá-lo. Ao perceber o Luna Park completamente lotado, eu não tinha nenhuma noção do fanatismo portenho pelo boxe.

1950

De volta ao Brasil, eu e meus sócios começaríamos a planejar a luta de Éder. Após muitos cálculos e estudos detalhados, conseguimos marcar a data, fixada para 18 de janeiro daquele ano de 1962.

Realizada no ginásio do Ibirapuera, a luta foi um sucesso enorme em todos os aspectos. Um público maciço compareceu ao ginásio para apoiar Éder, que correspondeu às expectativas derrotando o campeão europeu John Caldwell e unificando os títulos. Pela primeira vez, um brasileiro se tornaria campeão de boxe.

No dia seguinte ao evento, uma curiosidade tomava conta de todos. A pergunta era: como o ginásio do Ibirapuera conseguiu abrigar tanta gente, já que em outras ocasiões o local tinha sido palco de grandes espetáculos, porém com um público bem menor.

Entre risos, e com um certo sarcasmo, contei a amigos próximos que ao visitar o ginásio argentino percebi que as arquibancadas estavam sendo lavadas. Apreciei a higiene e a preocupação com a limpeza do local. Com o auxílio do Corpo de Bombeiros, procurei fazer o mesmo por aqui. As arquibancadas do ginásio ficaram completamente encharcadas. Um público estimado em 20 mil pessoas – coisa que o Ibirapuera nunca comportou – chegou para assistir à luta e, não podendo sentar-se, apreciou o espetáculo de pé. Sempre foi fácil calcular que em um metro quadrado cabem mais pessoas em pé do que sentadas.

Após a conquista de Éder, continuei a carreira de empresário de boxe por mais uns dois anos. Com a possibilidade da TV Record televisionar ou não as lutas, eu defendia a idéia do videoteipe, pois as transmissões ao vivo afugentavam o público. Foi aí que meu pai certo dia me disse: "Olha, meu filho, você precisa se decidir. Como diretor da Record, quando se trata de futebol, você exige que as transmissões sejam ao vivo. Já como empresário de boxe, você defende o videoteipe. Essa incoerência precisa acabar".

Analisando essas sábias palavras de meu pai, decidi abandonar o empresariado pugilístico. Chamei Katznelson e, reconhecendo seu esforço em meu benefício desde o início da empreitada, doei minha parte da sociedade a ele.

CONTA-GOTAS:

Causo policial

O que hoje denominamos *happy hour*, há alguns anos já era rotina em nossos dias de trabalho. Os encontros com amigos e colegas de profissão eram comuns, todo fim de tarde, principalmente na sala de reuniões da Record de Congonhas.

Num desses encontros, batendo um papo saudável, estávamos eu, o delegado Elpídio Reali, pai do querido amigo Reali Júnior, o dr. João Amoroso Neto, também delegado e representante da Interpol em São Paulo, os habituais Raul Duarte, Teófilo de Almeida Sá, Toneco Macuco Alves e vários outros.

Entre um caso e outro, dr. Amoroso contou uma história que arrancou gargalhadas de todos.

Estava o importante delegado de plantão noturno, quando chegou à delegacia uma moça simplória e de fala italianada, dando queixa de que fora vítima de assalto seguido de tentativa de estupro.

Durante seu depoimento, a vítima até que demonstrava certa calma. O dr. Amoroso questionou-a quanto aos detalhes do ocorrido e perguntou como ela estava se sentindo. Após descrever toda a cena por ela vivenciada, a moça terminou dizendo:

– Doutor, o sujeito arrancou a minha roupa e tirou aquele "negócio" pra fora. Ele me espetava aqui, espetava ali, eu tentava correr e ele me segurava. Do jeito que tava a situação, se eu não tenho a *borseta*, o *maledeto* tinha furado minha barriga.

Da esquerda para a direita: Murillo Antunes (com o microfone), Paulo Machado, Raul Duarte (atrás, de bigode), delegado Elpídio Reali e João Amoroso Neto (delegado-geral da Interpol), DÉCADA DE 1950

Noite dos Choristas, organizada por Jacó do Bandolim, TV Record, DÉCADA DE 1950

Graças ao Palhaço

Um dos melhores restaurantes da São Paulo dos anos 1940 e 1950 era O Palhaço. Ficava na avenida São João, era charmoso, aconchegante e a comida de excelente qualidade. O dono, Miguel Traversa, imigrante italiano, ficava no caixa e de lá pouco saía.

Ary Barroso e Paulo Machado no restaurante Palhaço, DÉCADA DE 1950

Os grandes nomes do cenário artístico, muitos da Rádio Nacional do Rio de Janeiro, quando de passagem pela capital paulista para se apresentarem na Record, freqüentavam-no assiduamente. Carmen e Aurora Miranda, Bando da Lua, Mário Reis, irmãos Tapajós, Francisco Alves e muitos outros. A figura de Isaurinha Garcia, sempre sozinha em uma de suas mesas, também era presença constante.

Durante o horário do almoço sempre havia uma mesa reservada para os *habitués* do local. Além do pessoal da Record, Raul Duarte, Teófilo de Almeida Sá, Gregorian e Bauru, eram presenças certas o secretário da Segurança na época, general Vieira de Mello; o futuro deputado federal e amigo particular do dr. Ulysses Guimarães, José Ferreira Keffer; Antonio Macuco Alves, o Toneco, filho de Adelino Alves; o primeiro corretor de imóveis da capital paulista, o excelente advogado Roberto Whately, e a figura simpática de Carlos Mendonça, cujo apelido era Catarina.

1950

Paulo Machado, Luiz Eduardo Borgerth, Expedito Grossi, Ruy Viotti e Silvio Luiz; Francisco José de Toledo, Wilson Thomaz, Ciro Batelli e Raimundo Nonato Ribeiro, todos ex-companheiros de rádio e TV, 2006

Um dos filhos de Mendonça, Joaquim, foi meu sucessor na Abert (Associação Brasileira das Emissoras de Rádio e Televisão) e antecessor de meu filho Paulo Machado de Carvalho Neto.

Com seu carisma, Catarina era persistente em seu cardápio diário. Pedia sempre um risoto de frango acompanhado de batata-palha e ovo frito. O prato, sempre muito bem-feito, ficou famoso no restaurante e, numa comparação com o sanduíche bauru, fez a sua clientela. Os pedidos eram constantes: "quero um Catarina".

A São Paulo da época ainda possuía poucos veículos de quatro rodas, e o de Macuco Alves era no mínimo diferente: tinha a placa número 45 e havia pertencido ao ex-presidente Washington Luís, uma raridade. Raros também eram os carros de placa número um e dois. O primeiro pertencia ao conde Francisco Matarazzo, e o segundo, ao dr. Walter Seng, fundador do Hospital Santa Catarina.

Mas quem proporcionou a grande surpresa desse encontro foi o secretário de Segurança Pública, general Vieira de Mello. Sabendo que eu gostava de caçar,

1950

Vieira de Mello me ofereceu uma arma que estava guardada na Secretaria de Segurança. Era uma arma alemã, de aço Krupp, da marca Sauer, uma raridade que o general havia tomado de um alemão em Santa Catarina.

Garrincha dribla mais um "João". Botafogo x Seleção da Áustria, 1959

Tudo isso para eu poder caçar minhas pequenas aves. Fiz minhas caçadas com a arma durante algum tempo, e, anos depois, logo após a Copa do Mundo de 1958, meu pai me procurou para fazer um pedido. Pedido de doação.

Sabedor da euforia que o magnífico Garrincha tinha por caçadas, meu pai quis fazer-lhe um agrado. Para tanto, pediu-me que doasse a arma ao jogador. Eu não tinha como recusar.

Além de entortar seus adversários com uma facilidade incrível e nos encher de alegrias, já de volta à sua querida Pau Grande, Mané, acostumado com a sua arma pica-pau, ficou caçando suas garrinchinhas com uma arma alemã da Segunda Guerra Mundial. E ele nem sabia.

O choque futebolístico mais sensacional do ano!
Por conta propria...

RADIO PANAMERICANA
"A EMISSORA DOS ESPORTES"

REALIZOU ontem - primeiro de Abril - EM MILÃO O ENCONTRO

São Paulo x Milan

MANTENDO A CIDADE "PRESA" AOS 620 QUILOCICLOS POR MAIS DE 6 HORAS
E... AFINAL DE CONTAS...

Foi tudo ilusão!

DIZ O DITADO: "O BOM HUMOR PROLONGA A VIDA" E A "EMISSORA DOS ESPORTES" QUIS COLABORAR PARA "MANTER EM ORDEM" O FIGADO DE SEUS OUVINTES E PROLONGAR A SAUDE DOS ESPORTISTAS...

Queiram desculpar...

E NÃO SE ESQUEÇAM:
QUARTA-FEIRA PROXIMA - DIA 4 - AS 12 HORAS - DIRETAMENTE DE BRUXELAS

«NO DURO»
PEDRO LUIZ

IRRADIARÁ PARA A "EMISSORA DOS ESPORTES" O 2.º JOGO DO S. PAULO F C. EM CAMPOS DA EUROPA!

NUM OFERECIMENTO DE:

TECIDOS BANGÚ - A MARCA DE QUALIDADE
GIN SIGA - O GIN BRASILEIRO MELHOR QUE O ESTRANGEIRO
TINTAS E VERNIZES "CIL" - QUE PROTEGEM O BRASIL!

E EM COLABORAÇÃO COM

A GAZETA ESPORTIVA
O MAIS COMPLETO JORNAL ESPORTIVO DO BRASIL

As verdades do 1º de abril

Para amenizar e abrandar o clima que pairava sobre a cidade de São Paulo, pós-revolução de 1932, a Rádio Record – A Voz de São Paulo – decidiu fazer brincadeiras com os ouvintes. Ainda com seus estúdios na praça da República, a emissora resolveu utilizar o dia 1º de abril, conhecido popularmente como dia da mentira, para descontrair o público. O idealizador de tal evento foi um de seus proprietários: Paulo Machado de Carvalho.

Ainda na década de 1930, foi anunciada a chegada a São Paulo de um profeta e vidente de origem árabe para anunciar suas previsões sobre acontecimentos astronômicos e grandes transformações do mundo. A população, ao mesmo tempo espantada e curiosa, aguardava a data, 31 de março, com ansiedade.

A cidade entrou em polvorosa e a rádio estourou em audiência, deixando as poucas concorrentes, Cruzeiro do Sul e Educadora Paulista, a ver navios.

Chegado o grande dia, uma multidão tomou praticamente toda a praça da República, aguardando o adivinho que surgiria nas sacadas da rádio. Na hora marcada, o personagem apareceu na sacada da rádio. Ao mesmo tempo, o público foi avisado que tudo não passava de brincadeira de 1º de abril. Dentro da pureza e da ingenuidade da época, a intenção da Rádio Record era descontrair e aproximar o público ouvinte. Tanto que, anos depois, o fato se repetiu.

1950

No dia 1º de abril de 1951, o elenco do São Paulo Futebol Clube encontrava-se na Europa para uma pequena excursão. O dia da mentira naquele ano caiu num domingo e foi aí que preparamos uma surpresa para os ouvintes da Panamericana. Anunciamos pelo rádio que haveria um jogo extra. Dias antes do embarque da delegação, chamei Geraldo José de Almeida – locutor titular e tricolor até debaixo d'água, que também acompanharia o clube na viagem – para, levando equipamentos da rádio, ir até a minha residência. Chamei também Hélio Ansaldo, que faria a sonoplastia. Montamos um estúdio perfeito na garagem de minha casa, que se localizava na rua Bélgica, número 203, nos Jardins. Com todos os detalhes, iríamos gravar uma partida fictícia entre o São Paulo e o Milan, da Itália. Um pouco contra a sua vontade, Geraldo narraria uma sonora goleada sofrida pelo seu time.

Naquele mesmo dia, Corinthians e Flamengo iriam se enfrentar às quatro da tarde no Pacaembu. A falsa partida entre o São Paulo e o Milan foi transmitida às duas horas da tarde pela Panamericana, quando toda a crônica esportiva da capital paulista já estaria presente nas cabines de imprensa do estádio do Pacaembu. A cada gol do Milan narrado por Geraldo, o espocar de fogos advindos dos bairros onde a colônia italiana era maciça, principalmente Brás e Moóca, tinha grande intensidade. O inconformismo dos cronistas esportivos paulistanos aumentava, e as críticas ao esquadrão tricolor eram veementes.

Ao final dos 8 a 1 para o Milan, das tribunas especiais do estádio, o radialista Aurélio Campos despejou um bombardeio de críticas à diretoria do São Paulo Futebol Clube e à CBD por permitir tal partida, causando furor na imprensa paulistana.

Terminada a suposta transmissão, imediatamente anunciamos que tudo não passava de uma brincadeira de 1º de abril. Foi a vez dos são-paulinos se vingarem com um foguetório incrível. A imprensa ficou dividida com relação à aventura proporcionada pela Rádio Panamericana. O fato em muito lembrou a façanha de Orson Welles que, em 1938, deixou todos os EUA em pânico, ao transmitir pelo rádio uma suposta invasão da Terra por seres de outro planeta, baseando-se no romance *Guerra dos mundos*, de H. G. Wells, de 1898.

Doze anos se passaram, e em 1963, já na TV Record, resolvemos aprontar mais uma, dessa vez com os telespectadores. Para alavancar a audiência da emissora, programamos mais um 1º de abril.

Após uma intensa campanha na TV e nos jornais, deixando os telespectadores ansiosos e curiosos para saber qual nome famoso do cenário internacional viria apresentar-se na TV Record, alcançamos nosso intento. Colocamos anúncios de meia página nos jornais com fotos de doze nomes importantes do cenário mundial da época, entre eles, Yves Montand, Ray Charles e até Frank Sinatra. A cada dia tirávamos um nome, o que significava que aquele não viria. A lista diminuía a cada dia. Com esse artifício, conseguimos confundir público e crítica.

Zuza Homem de Melo foi até o Rio de Janeiro recepcionar o astro que contratamos. De lá, levou-o para Campos do Jordão, onde ficaram três dias. Na tarde de 31 de março, Zuza trouxe o artista para São Paulo e o escondemos na casa da Vila Helena. O assédio de jornalistas à casa do bairro do Aeroporto era intenso, e todos estavam curiosos e intrigados para saber quem era. O jornalista Moracy do Val chegou a dizer que já sabia quem era, arriscou Yves Montand e... errou. Conseguimos burlar a todos. Levamos o cantor aos estúdios para uma passagem de som com a orquestra da Record. Nem os músicos sabiam quem era.

Perto da meia-noite de 31 de março, o apresentador Blota Júnior começou a apresentar o grande nome prometido pela Record. As câmeras de TV se aproximaram das cortinas transparentes, por onde se via a silhueta do cantor. Ele começou a cantar: era Frank Sinatra com certeza, o próprio The Voice.

Ao interpretar o segundo número, já passava de meia-noite. Blota interrompeu a música, desejando aos telespectadores um ótimo 1º de abril, desvendando o mistério: era um sósia perfeito de Frank Sinatra, um cantor norte-americano chamado Duke Hazlett.

Com o espírito de proporcionar descontração e alegria aos seus ouvintes e telespectadores, a Record pelo menos tentou instaurar o bom humor na comunicação, mesmo com a reprovação de alguns.

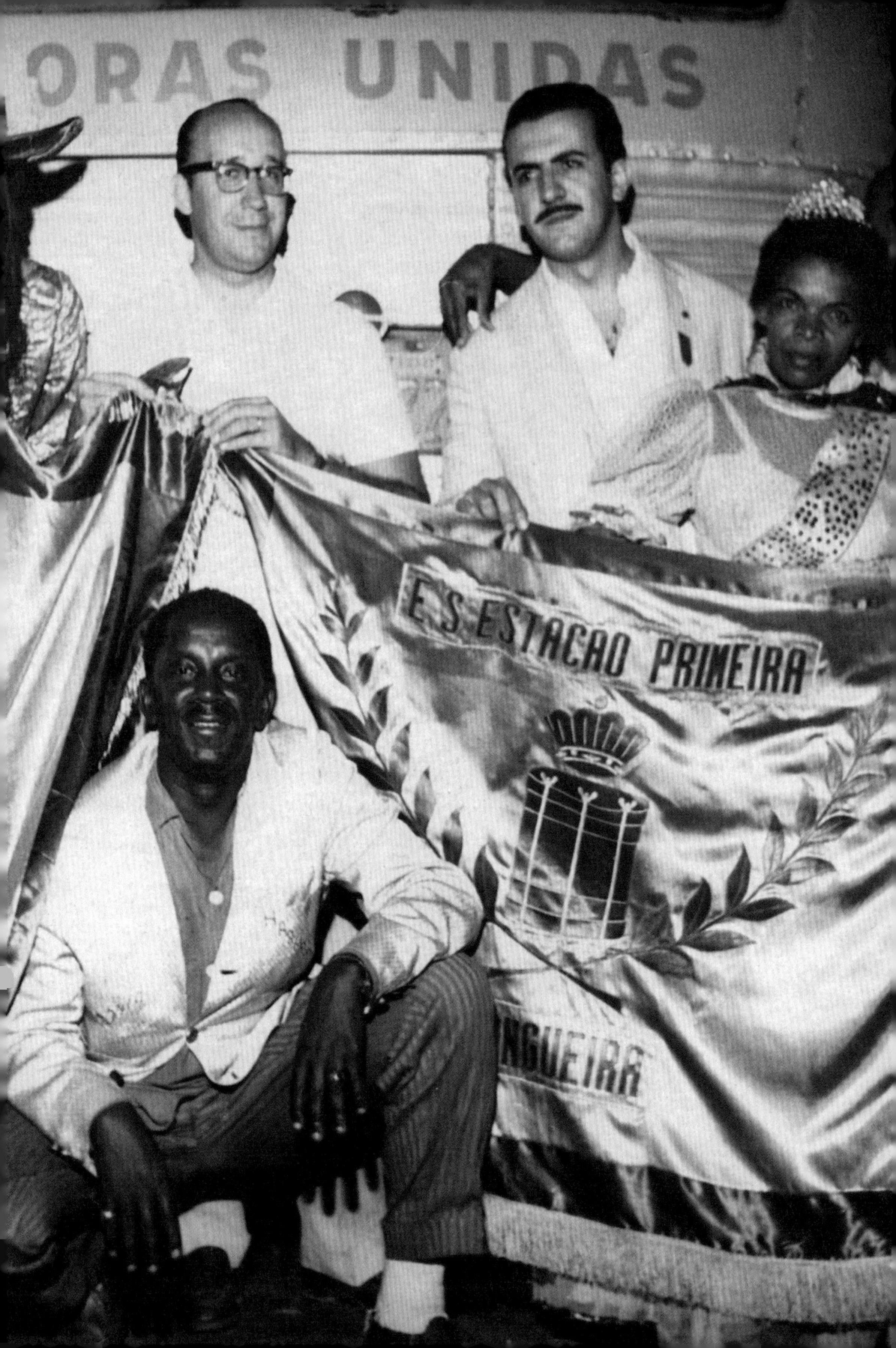
ORAS UNIDAS
E.S. ESTAÇÃO PRIMEIRA

Faltou resistência

No final da década de 1940 e início dos anos 1950, a Rádio Record, e posteriormente também a TV, promovia durante o carnaval o famoso concurso de resistência carnavalesca. Primeiro, ao ar livre, e depois, no ginásio do Ibirapuera. A prova premiava o folião ou os foliões que passassem o maior tempo possível demonstrando suas habilidades nas danças e alegorias. O afluxo de público era enorme, tendo uma rotatividade entre 40 mil e 50 mil pessoas nos quatro dias de festa. Para vencer a prova, o participante ficava até três dias sambando sem parar. O concurso agitava São Paulo.

No ano de 1954, essa maratona superou todas as expectativas. Para finalizá-la em grande estilo, resolvemos trazer para São Paulo uma escola de samba do já famoso carnaval carioca. Receando que o Ibirapuera fosse pequeno, decidimos encerrar o evento num lugar um pouco maior: o estádio do Pacaembu. Enviamos dois representantes ao Rio de Janeiro, Luis Carlos Passos e Paulo Charuto, para contratar a escola de samba vencedora do carnaval daquele ano, a Estação Primeira de Mangueira. O fenomenal Jamelão já era o puxador oficial de samba-enredo da verde-e-rosa.

Após o desfile na avenida Presidente Vargas, no Rio, previsto para terminar por volta das sete da manhã, os aproximadamente 1200 integrantes da escola

A caravana da Mangueira chega a São Paulo. Da esquerda para a direita: Paulo Machado, Luís Carlos Passos, integrante da escola e Jamelão (ajoelhado), DÉCADA DE 1950

1950

Paulo Charuto, destaque da escola, Paulo Machado, Luís Carlos Passos, mais três integrantes e Jamelão, DÉCADA DE 1950

embarcariam em trinta ônibus fretados pela Record rumo a São Paulo. Às dez da manhã do domingo de carnaval, Paulo Charuto me avisou, por telefone, que todos os ônibus haviam saído do Rio conforme o combinado.

Reforçamos a publicidade. Durante todo o dia, conclamamos o público a comparecer ao estádio para a grande festa que começaria por volta das dez da noite. A surpresa foi acontecendo aos poucos. Conforme a caravana evoluía em seu trajeto pela via Dutra, a cada cidade por onde passava, o número de passageiros diminuía. Estafados e com muitos goles a mais, os passistas mangueirenses abandonavam os veículos, procurando outros lugares para descansarem seus corpos exaustos.

No estádio do Pacaembu, com entrada franca, o público aguardava o início da festa. Deu meia-noite e nada de começar. Preocupados, nós da produção tentávamos qualquer contato com os responsáveis pela caravana. A tarefa não era fácil. Por volta de três da manhã, já com parte do público indo embora, aparece apenas um ônibus da delegação carioca, com mais ou menos vinte pessoas, e outros 29 ônibus vazios. À frente, Jamelão, um dos poucos em boas condições físicas, explicou os fatos. Não tínhamos muito o que fazer.

Do Rio de Janeiro partiram 1200 foliões; em São Paulo chegaram vinte e poucos. Olhando pelo lado dos números, ao longo de sua história, o carnaval sempre nos preparou surpresas.

1950

CONTA-GOTAS:

Carnaval em lá maior

O slogan "Record, a maior" ficou marcado para sempre na memória dos apaixonados pelo rádio, sendo um grande atributo à propaganda no meio radiofônico.

As duas grandes companhias cinematográficas naquele início dos anos 1950 eram a Vera Cruz e a Maristela. E foi com esta última que surgiu a parceria para montar um filme que, sem muitas pretensões, ficaria gravado para sempre.

Com o intuito de lançar músicas carnavalescas do ano, e este era 1954, a Record, com seu *cast* invejável, a Maristela, o incansável Adhemar Gonzaga e o empreendedor Mário Audrá Júnior, todos juntos produziram o filme *Carnaval em lá maior*.

Em menos de noventa dias o filme foi preparado, rodado e lançado no circuito cinematográfico, com o elenco quase inteiramente da Record. Afinal, participar desse filme era sinal de prestígio para Elizeth Cardoso, Aracy de Almeida, Nora Ney, Ataulfo Alves, Inezita Barroso, Carmélia Alves, Isaurinha Garcia, Nelson Gonçalves, Walter Dávila, Randal Juliano, Blota Júnior, Arrelia, Pimentinha, Adoniran Barbosa e muitos outros.

No dia 16 de fevereiro de 1955, o filme era lançado no cine Piratininga, localizado no bairro do Brás, lotando todos os 5 mil lugares da casa de espetáculos. Entretanto, o público nunca soube do sacrifício dos artistas para gravá-lo. Eles se dedicavam às filmagens madrugada afora, pois ainda tinham de cumprir seus compromissos com a emissora.

Num certo dia de gravação, o diretor Adhemar Gonzaga estranhou ao observar a interminável dublagem, que já durava bons dez minutos, da cantora Elizeth Cardoso. Com a cabeça dentro da câmera, coberto por seu pano azul escuro, o *cameraman* Ferenc Fekete, de origem húngara, cochilava como criança, entregue ao cansaço e ao desgaste das noitadas de gravação.

Em seu livro *Memórias de um produtor*, Mário Audrá Júnior escreveu: "Para um produtor, todo filme deve ter seu objetivo. Este nem sempre é alcançado. Mas *Carnaval em lá maior* cumpriu plenamente sua missão, e sempre me lembrarei dele com carinho por ter alcançado sua meta".

Carnaval em lá maior marcou pelo contraste: foi um sucesso na estréia e um fracasso após um mês de exibição. Coisas de cinema.

Paulo Machado e a Divina Elizeth Cardoso, uma das grandes estrelas da Record,
DÉCADA DE 1960

Para ele, dinheiro não era problema

Sempre tive um medo latente de avião, principalmente de viagens longas. Por isso, em meu lugar, enviei Zuza Homem de Melo a Nova York com uma pré-lista de nomes, para, através da famosa agência GAC (General Artists Corporation), verificar quais artistas estavam disponíveis para apresentações no Brasil. O já consagrado *entertainer* Sammy Davis Junior figurava nessa lista. José Eduardo Homem de Melo, o Zuza, possuía um bom gosto musical indiscutível. Estudou música nos Estados Unidos e falava inglês fluentemente. Não havia ninguém melhor para concretizar as grandes contratações que eu pretendia.

Sammy Davis canta no Brasil, 13/6/1960

Sammy estava no auge da carreira, tendo já atuado em vários filmes de Hollywood. Fazia parte, juntamente com os atores Dean Martin e Peter Lawford – este último cunhado do presidente Kennedy –, da célebre gangue de Frank Sinatra. Sua vida estava praticamente dividida entre a música e a sétima arte, portanto, era o melhor momento para trazê-lo.

Com todos os detalhes contratuais acertados, era só aguardar a chegada do artista. Em nosso primeiro encontro, assim que desembarcou no Brasil, Sammy me presenteou com um lenço de pescoço Foulard, enviado por Frank Sinatra, e foi logo dizendo:

– Quantos minutos de show o senhor quer?

125

1960

Após as lisonjas de praxe, e com tudo calculado em minha cabeça, como o tempo dos comerciais, as falas extras, as manifestações da platéia etc., respondi:

– Quarenta e sete.

Com ele era assim: nem 46 nem 48. Durante seis dias, Sammy mostrou uma performance espetacular em suas apresentações no Teatro Record. Conquistou um sucesso de público e crítica de fazer inveja a qualquer artista.

Sammy estava hospedado na suíte presidencial do Othon Palace Hotel, na praça do Patriarca, um dos hotéis mais luxuosos da cidade naquela época. A exigência do artista de ficar na suíte constava no contrato. Mesmo sem a companhia de sua namorada, a atriz sueca May Britt, que o acompanhava em todas as turnês, não abriu mão do luxo.

Tudo transcorria tranqüilamente até que, no dia seguinte ao último show, aconteceu um fato inesperado. O gerente do hotel me telefonou com ares de preocupação:

– Dr. Paulo?

– Sim, é ele.

– Aconteceu um probleminha com seu artista. Gostaria que o senhor viesse até aqui para resolver.

Pensei comigo: "Coisa boa não deve ser". Saí da Quintino Bocaiúva e fui até o hotel. Quando entrei na recepção, o gerente, demonstrando certa calma, solicitou que eu o acompanhasse até o apartamento do artista.

Fomos até a suíte. Ao bater à porta, um homem de quase dois metros de altura, que mais parecia um armário, nos atendeu. O empresário de Sammy estava ao seu lado.

Olhei para dentro e me assustei com a cena. A suíte estava toda revirada, de pernas para o ar, uma bagunça. Não havia nada em seu respectivo lugar. O gerente do hotel contou que tudo aquilo havia acontecido de madrugada, após Sammy conversar durante mais de uma hora, por telefone, com a namorada que estava na Suécia.

Solicitei ao gerente que descêssemos e calculássemos o prejuízo causado por aquele furacão. Com as contas feitas, voltei à suíte e apresentei os papéis ao empresário de Sammy que, mostrando indiferença, olhou toda a papelada e retrucou:

– OK, não tem problema. Nós vamos resolver. Sammy tem o hábito de fazer isso em todo lugar por onde passa.

Sammy nem olhou as contas. Assinou os papéis e devolveu-os. Seu empresário me entregou um cheque, preenchido em dólares, que foi logo repassado ao hotel.

O valor gasto com os estragos provocados por Sammy no Othon Palace Hotel foi o equivalente à metade do que ele recebeu por sua temporada de shows no Brasil.

A partir desse episódio, comecei a observar com detalhes os artistas internacionais. Como se comportavam, suas atitudes, seus vícios e suas exigências. Muitos deles demonstravam curiosidade pela América Latina. Queriam conhecer as culturas dos países latino-americanos, deixando o lucro financeiro em segundo plano.

Sapatadas andinas

Sempre atento a grandes nomes do cenário internacional, independentemente de sua especialidade, fui buscar a grande estrela da voz, a peruana Yma Sumac. Ao despontar para o sucesso mundial, durante a década de 1950, Yma era o fenômeno vocal do momento e a extensão de sua voz chegava a quatro a cinco oitavas acima dos tons normais. De origem inca, seu carisma era imenso, e seu marido, o maestro Moisés Vivanco, era quem dirigia e organizava seus shows.

Paulo Machado e Yma Sumac no aeroporto de Congonhas, São Paulo, DÉCADA DE 1960

Nascida em Ichocán, no Peru, e batizada Zoila Augusta Emperatriz Chavarri Del Castillo, Yma casou-se com Vivanco em 1942. Em 1946 foram para os Estados Unidos e de lá conquistaram o mundo erudito.

Na Broadway, em 1951, fez parte do musical *Flahooley*, e logo em seguida já estava em Hollywood com os filmes *O segredo dos Incas* (1954) e *Omar Khayyam* (1957).

O Teatro Record era o espaço ideal para grandes shows, com todas as facilidades para o êxito dos espetáculos de grande porte. Suas pesadas cortinas de veludo azul separavam o delírio da platéia dos fenômenos do palco. Microfones de ultima geração foram instalados para permitir a excelência dos shows. Estes eram regulados pelo operador de som que, com um simples aperto de botão, controlava o volume. Porém, nem sempre tudo sai como a gente quer.

1960

Yma deveria entrar no palco, cantar três ou quatro músicas, então as cortinas se fechariam, e o público iria pedir o bis. Com tudo milimetricamente calculado, a cantora fez sua parte. As cortinas eram controladas por Giácomo Spinelli, um italiano radicado no Brasil e excelente funcionário. Num ato de distração do operador, elas foram fechadas e, ao serem reabertas, arrastaram o microfone até bem próximo das coxias.

Ao perceber que não havia microfone, a cantora saiu correndo em direção a Spinelli, tirou os sapatos e encheu o coitado de sapatadas, que duraram no mínimo trinta segundos, enquanto seu marido esbravejava no fosso da orquestra.

A platéia não viu a cena, e o eclético apresentador Blota Júnior deu um jeito de contornar a situação, explicando ao público que um imprevisto havia acontecido.

Outro microfone, este de pedestal, foi colocado no devido lugar, e a versatilidade de Blota foi impressionante. Com tudo já acertado, o show continuou, deixando a Vivanco e a mim bem mais calmos.

Terminado o espetáculo, Giácomo me procurou e disse que no dia seguinte faria uma aposta no jogo do bicho. Ele tinha certeza de que ia dar galo na cabeça.

CONTA-GOTAS:

Chansonnier sine die

O excelente cantor e ator francês Yves Montand, casado com a bela atriz Simone Signoret, era a bola da vez que eu escolhera para trazer ao Brasil no auge da temporada de artistas internacionais que por aqui passavam. O italiano Ivo Livi – nome de batismo de Yves, antes de tornar-se cidadão francês –, além de fazer enorme sucesso na França e na Europa, provocaria um êxtase se por aqui passasse. O reforço da frase é necessário: "se passasse", porque na verdade não passou. Explico.

Solicitei ao empresário e amigo Ricardo Cella que, de seu escritório em Roma, procurasse o representante de Montand para concretizar uma possível turnê que englobaria três dias de shows em São Paulo, dois em Buenos Aires e um no Rio de Janeiro. Após exaustivas negociações, muito empenho de Cella e um valor altíssimo de cachê, conseguimos fechar o contrato.

Constava no documento que as apresentações estavam marcadas para o mês de maio de 1961. No final de fevereiro do mesmo ano, quase sessenta dias antes do prazo, recebi um telex comunicando o adiamento da turnê, conforme o "segundo parágrafo da cláusula terceira". Peguei o contrato. Ao ler tal parágrafo com mais cuidado, uma mistura de decepção, inconformismo e até riso tomou conta de mim. Estava escrito:

"Ao artista é reservado o direito de adiar *sine die* suas apresentações, desde que no CONTINENTE onde se localiza o(s) país(es) em que fará suas exibições, possam ocorrer ou eventualmente estejam acontecendo "guerras, revoluções e/ou conflitos sociais".

Paz e estabilidade, tanto política como econômica, ao longo do século 20 eram artigo raro em todos os continentes, principalmente na América do Sul. Percebi que Yves Montand não queria arredar pé tão cedo de seu país.

Yves Montand e Jeanne Moreau no aeroporto do Galeão, Rio de Janeiro, 19/3/1958

Os olhos de lince de Marlene Dietrich

No embalo de tantos nomes famosos do cenário internacional, foi-me oferecido pelo empresário Alex Valdez o da grande diva do cinema e da música Marlene Dietrich. A década de 1960 estava começando, e, apesar da idade um pouco avançada, seu sucesso ainda era retumbante. Mesmo assim, relutei um pouco, mas fui convencido por Valdez a trazê-la.

Marlene Dietrich cai no samba no Rio, 1959

Marlene despontou para o cinema interpretando o papel da cantora de cabaré Lola Lola, no filme O anjo azul, rodado pela primeira vez no ano de 1930. Esbelta e até um pouco misteriosa, Dietrich encantava platéias no mundo todo. Ao chegar ao Brasil, já beirando os sessenta anos, seu magnífico corpo escultural ainda era delineado por seus vestidos bem justos.

A atriz e cantora foi contratada para fazer seis shows e veio acompanhada de sua coreógrafa Sonia Shaw que, anos depois, voltaria a trabalhar no Teatro Record, dessa vez como responsável pela coreografia do espetáculo "Tio Sam...ba". Sonia, casada com o regente norte-americano Bill Hitchcock, tornara-se um nome famoso no mundo da dança, principalmente em espetáculos da Broadway.

Existia na época um famoso playboy que adorava freqüentar as melhores boates da cidade de São Paulo, acompanhado de um lince de estimação, sempre preso a uma coleira. Marlene ficou uma semana por aqui e, logo após o encerra-

1960

mento dos espetáculos, costumava visitar as casas noturnas. Numa dessas investidas, conheceu o tal playboy. O clima de empatia entre os dois foi inevitável.

No dia do último espetáculo, horas antes de começar a sessão, a cantora me chamou num canto e exigiu a colocação de duas cadeiras extras, logo na primeira fila. Com o teatro lotado, não havia como reservar as tais cadeiras. Ao comunicá-la do fato, escutei a seguinte frase:

– Coloque as cadeiras, estou esperando dois convidados especiais, sem eles não começo o show.

Pressenti que mais encrenca se aproxima. Consegui as tais cadeiras e coloquei-as à frente da primeira fileira.

1960

La Dietrich em sua chegada a São Paulo, 4/8/1959

Percebendo que o espetáculo corria o risco de atrasar, insisti com ela para me dizer quem eram os convidados. Ela disse que era o playboy a quem conhecera dias antes. Imediatamente, pedi aos meus amigos Paulo Charuto e Mauro Cesarini para sair à procura do cidadão. Os dois percorreram todas as boates possíveis de São Paulo.

Localizado o rapaz, e após insistentes pedidos para que ele fosse ver Marlene, Paulo e Mauro conseguiram convencê-lo, alegando que sua ausência causaria transtornos muito sérios.

Com o público inquieto, às dez e quarenta da noite adentra o teatro o galã e seu lince. Ao tomarem os seus lugares, roubaram a cena, sob os olhares espantados dos espectadores. Só assim Dietrich saiu da coxia e iniciou seu show.

Pode ser que eu esteja enganado, mas acho muito difícil que Marlene tenha feito outro show em sua vida sendo assistida por um felino sentado bem à sua frente.

O medo vem por escrito

O Teatro Record da rua da Consolação era pequeno para abrigar o sucesso dos programas da Jovem Guarda, nos domingos à tarde. Uma multidão se acotovelava em frente ao teatro para tentar assistir aos shows, o que me levou a reforçar a segurança, tanto do público, como dos artistas. Com a casa sempre lotada, o jeito foi instalar alto-falantes do lado de fora, na tentativa de acalmar os extasiados fãs que entravam em delírio incontrolável.

Designado pela Secretaria de Segurança Pública, me apresentaram o delegado Sérgio Paranhos Fleury, que na época ocupava um posto inferior no escalão da polícia civil. Ele seria o responsável por manter a ordem quando o teatro e suas vizinhanças receberiam grande fluxo de público. Fleury ficou famoso, anos depois, por comandar as ações que eliminaram vários suspeitos de atuar contra a ditadura militar.

Com seu trabalho, o delegado deixou-me mais tranqüilo quanto à segurança nos dias dos eventos. Meses depois, fui ajudado pelo querido e saudoso colega da Jovem Pan, Fernando Vieira de Melo. Em audiência com o governador do estado, Abreu Sodré, aproveitou o encontro e solicitou a promoção do delegado, em que foi atendida prontamente. Fleury passara a titular da função.

Paulo Machado e Fernando Vieira de Melo (diretor do Departamento de Jornalismo da rádio e TV Record),
DÉCADA DE 1960

1960

Wady Dini, auxiliar por mais de quarenta anos de Paulo Machado e fiel amigo até hoje

Após algum tempo, comecei a receber cartas anônimas ameaçadoras, tanto em minha residência como nos escritórios da TV, localizados em Congonhas. O teor das correspondências assustava. Se eu não cumprisse as exigências, poderiam ocorrer atentados à bomba nos estúdios de Congonhas. As ameaças também se dirigiam ao meu filho caçula.

O autor das cartas exigia certa quantia em dinheiro e demonstrava plenos conhecimentos em artefatos explosivos – tese conclusiva da Polícia Técnica, após analisar os manuscritos enviados pelo criminoso. Além das cartas, passei também a receber telefonemas, o que me deixou bastante nervoso. A estratégia elaborada por Fleury era manter o suspeito falando ao telefone para conseguir localizá-lo. Após vários dias de negociações, foi marcado um encontro na Vila Guilherme para a entrega do dinheiro.

Por sugestão de Fleury, que entendeu o perigo da situação, a melhor alternativa era enviar outra pessoa em meu lugar para a entrega do dinheiro, todo armazenado nos famosos pacos (pacotes de papéis velhos que simulam papel-moeda, cobertos com uma nota verdadeira).

Pedi a Wady Dini – com quem até hoje mantenho amizade – que fosse em meu lugar, principalmente por sua semelhança física comigo. Numa atitude rara de companheirismo e solidariedade, Wady atendeu o meu pedido prontamente e partiu para o local combinado. Restou-me ficar rezando pelo seu futuro. Ao desfecho da cena, o criminoso desconfiou que caíra numa armadilha e abandonou o local. Wady retornou ao veículo, mas, na correria, entrou por uma porta que não fazia parte dos planos armados pela polícia. Confundido com o criminoso, infelizmente, levou um tiro de um policial. A bala alojou-se no ombro de meu amigo, que foi rapidamente socorrido pela equipe de Fleury e levado à Santa Casa. Após ser medicado, Wady foi à minha casa contar-me o episódio.

Apesar do fato acontecido, as ameaças continuaram nos dias seguintes. Preparou-se outra ação para prender o criminoso. Fleury orientou-me a, na próxima ligação telefônica, entreter o criminoso o máximo possível para que pudessem rastrear o telefonema. Deu certo. Após algumas horas, o sujeito foi localizado dentro de um bar no bairro do Brás. Foi preso em flagrante por um dos investigadores da equipe de Fleury.

Prosseguindo nas investigações, o delegado encontrou na casa do detido um farto material para novas ameaças à Record e ao meu filho Carlito. Durante os interrogatórios, descobriu-se que ele era filho de um músico violonista da orquestra da TV Record.

O motivo que o levara a praticar o crime nada mais era que conseguir dinheiro para gravar um disco, pois, segundo suas palavras, eu havia lhe negado tal pedido.

Meses depois, durante a acareação no Fórum Criminal, lembrei-me da figura de seu pai, que tantos serviços prestou à TV Record. Sensibilizado, contive minhas acusações para que sua pena fosse amenizada. Fiz o que meu coração mandou.

Aniversário do programa de Inezita Barroso
(tocando violão) na Record, em 1959.
À direita, Paulo Vanzolini (de bigode)

Um gesto de ternura

No final da década de 1960, a disputa por artistas, principalmente da música, era acirradíssima. As emissoras de TV faziam de tudo para ter sob seus domínios os grandes talentos que surgiam, e quem dormisse no ponto, fraquejava. Era preciso usar a criatividade em todos os aspectos para segurar os novos valores. A quantidade de nomes surgidos repentinamente no cenário artístico-musical era surpreendente.

Wanderléa, a estrela da Jovem Guarda, DÉCADA DE 1960

Quando a Record estourou com a Jovem Guarda, muitos artistas, a maioria deles já consagrada, precisariam renovar seus contratos. Portanto, tratei de segurá-los o mais rápido possível, devido ao grande assédio das emissoras concorrentes. O trio Roberto-Erasmo-Wanderléa era a espinha dorsal do programa, e a perda de qualquer um deles causaria sérios danos ao empolgante sucesso daquelas tardes de domingo.

Até que um dia, o ataque veio e foi na direção de Wanderléa, a futura Ternurinha.

A TV Excelsior, através de seu diretor, o querido Edson Leite, até que tentou tirá-la da Record, mas a notícia vazou, e eu fui mais rápido. Fui avisado pelo empresário da artista e também meu amigo Marcos Lázaro, e logo concatenei minhas idéias correndo até seu apartamento, nos Jardins, com o contrato debaixo do braço.

1960

O programa Jovem Guarda com Wanderléa, Roberto e Erasmo, em seu segundo aniversário no Teatro Record Consolação, 1967

Mesmo sendo muito bem recebido, percebi que ela estava extremamente indecisa. Fui a fundo para colocar minhas habilidades psicológicas em prática. Depois de esgotar todos os argumentos possíveis, consegui convencê-la a assinar.

Enquanto estávamos nos detalhes finais, a campainha tocou: era o emissário da Excelsior. Rapidamente, não encontrando alternativa, me escondi debaixo da mesa da sala, coberta por uma enorme toalha que ia até ao chão, parecendo um garotinho que havia feito suas peraltices e escondia-se de seu pai. Fiquei escutando a conversa e, a partir daquele momento, passei a admirá-la mais ainda, principalmente pela sua educação e postura profissional.

Com uma elegância ímpar, Wanderléa dispensou o emissário da concorrente, mostrou sua candura peculiar, manteve a palavra e renovou seu contrato com a Record.

O dito popular "manter o fio do bigode" foi por ela preservado, mesmo não tendo tais fios em seu lindo rosto.

144

CONTA-GOTAS:

A adoção da pequena órfã

Entre os anos 1950 e 1970, as três grandes emissoras de TV em São Paulo eram a Record, a Tupi e a Excelsior. Existia um acordo entre elas, pelo qual uma emissora não poderia tirar um artista da outra, desde que houvesse um contrato assinado. Esse acordo, na verdade, nunca foi cumprido e ninguém respeitava ninguém.

Naquela roda-viva, certa vez abusei da malandragem. O meu alvo era a TV Excelsior. A emissora lançara uma novela no horário das seis e meia da tarde que, devido ao enorme sucesso, deixou a nós, da Record, bastante preocupados. Aquele teledrama também alavancava a audiência dos programas seguintes. Até pelo menos às nove da noite só dava Excelsior no Ibope.

De autoria de Teixeira Filho, direção de Dionísio de Azevedo e um elenco que ia da garotinha de quatro anos Patrícia Ayres, passando pelas novatas Nádia Lippi e Glória Pires, ao próprio Dionísio, além de Ruthinéia de Moraes, Riva Nimitz e João José Pompeo, *A pequena órfã* arrebatou corações e arrancou lágrimas.

Era preciso arrumar alguma estratégia para derrubar a Excelsior, pois seu diretor, o eclético e sagaz Edson Leite, com seus planos e idéias fantásticas e mirabolantes, não dava a mínima chance de concorrência. A idéia veio fulminante, não me restando outra alternativa senão mandar Paulo Charuto procurar o ator Percy Ayres, pai na vida real de Patrícia, a Toquinho da novela, e oferecer-lhe uma recompensa para convencê-la a abandonar o dramalhão.

Sem avisar ninguém, os dois deveriam ir para o Guarujá e de lá não sair. Com tudo armado, Percy e Patrícia ficaram curtindo uma praia por mais ou menos vinte dias. Edson Leite procurou desesperadamente por eles, e, não encontrando, o jeito foi substituir Patrícia, como também alterar o roteiro e avançar no tempo para que sua substituta, um pouco mais velha, pudesse atuar.

A minha estratégia não resolveu muita coisa, pois os índices de audiência da novela baixaram um pouco, mas não o suficiente para podermos comemorar. Pontos a favor para o versátil e inteligente Edson Leite.

A surpresa no Municipal

Num certo dia do ano de 1963, após ter consolidado a minha imagem de empresário do show business, fui procurado pelo empresário Moisé Bregmann. Pela constância de nossos contatos, nos tornamos bons amigos.

Bregmann chegou ao meu escritório, no Teatro Record Consolação, acompanhado do também empresário Emilio Billoro Filho, filho de Emilio Billoro, que praticamente deu início às grandes atrações que se apresentavam no Teatro Municipal. Os dois sugeriram trazer ao Brasil um nome bem diferenciado, ao estilo que eu estava acostumado a contratar. A estrela do balé mundial, a russa Tamara Toumanova.

Apesar de dizer-lhes que esse tipo de atração fugia totalmente da minha linha de contratações, encontrei uma data, entre dois artistas internacionais, e encaixei o espetáculo da bailarina russa. Talvez a vinda de Toumanova viesse a abrir mais espaços em minha carreira empresarial; essa era uma possibilidade bastante favorável. Porém, o único lugar que poderia abrigar tal apresentação era o glamouroso Teatro Municipal, na praça Ramos de Azevedo.

Com tudo acertado comercialmente, fui conhecer as profundezas e os detalhes do teatro. Sempre buscando a perfeição, eu queria que aquela exibição ficasse marcada para sempre... e ficou.

Tamara Toumanova em entrevista coletiva no Hotel Esplanada, São Paulo, 1963

1960

Fui apresentado ao responsável pela bilheteria do teatro, um senhor com mais de trinta anos de trabalho na casa. Seu nome era Romeu Calandriello. Ele também me incentivou a trazer a gloriosa dançarina, pois, sabedor do tipo de público que freqüentava aquele teatro, o sucesso seria inevitável. Romeu também me alertou para os truques e artimanhas que muitos freqüentadores utilizavam para burlar a vigilância. No dia anterior aos espetáculos, muitos corajosos escondiam-se nos banheiros do teatro para, no dia seguinte, assistirem às atrações gratuitamente. Segundo Romeu, não eram poucos. O teatro tinha portas laterais que davam para a rua, todas fechadas com cadeados, contudo, era por elas que muitos penetras adentravam à casa, subornando os vigias.

Contratei uma empresa de segurança, esvaziei totalmente o teatro e fiquei aguardando o grande show. A TV Record gravou o espetáculo para posteriormente exibir em sua grade de programação. A casa ficou completamente lotada, o sucesso foi extraordinário, e minha felicidade era sem tamanho ao perceber a repercussão positiva do evento.

A grande surpresa veio na hora de verificar o borderô. Observando o teatro completamente lotado, eu não teria motivo para não comemorar um belo lucro. Foi aí que veio a maior decepção: era praxe do teatro fornecer uma grande quantidade de ingressos de favor a políticos, personalidades e outros mais, assim, a parte devida a mim beirou os 30% do total.

Apesar do enorme sucesso artístico, a partir desse dia percebi que o esforço para trazer nomes para o Teatro Municipal não era compensado pelo benefício. Em minha carreira de empresário, esse pequeno sonho foi desfeito em uma velocidade impressionante. Restou-me continuar trazendo os grandes nomes internacionais... somente para o Teatro Record.

CONTA-GOTAS:

Uma brincadeira saudável

Nos bons tempos do Teatro Record, onde a alegria e a descontração reinavam absolutas, as gozações e brincadeiras eram rotina. Sempre salutares, as peripécias criadas pelos componentes da equipe líder de audiência na época provocavam risos e gargalhadas em todos.

Uns se destacavam pela criatividade, outros pela pureza e ingenuidade. O puro, mas não tão ingênuo Jô Soares, com uma perspicácia impressionante, soltou, certa vez, uma história a meu respeito.

Era sabido por todos que eu sempre tive muito receio e sempre fiquei preocupado com qualquer tipo de doença. Mas daí a me tornar um hipocondríaco havia uma distância enorme. Precaução é uma coisa, hipocondria é outra.

Aproveitando a situação, Jô contou a todos da família Record que eu tinha o hábito de, ao chegar em minha casa após a rotina diária de trabalho, abrir um armário lotado de remédios, olhar um por um e pensar com meus botões: "Minha nossa, eu não estou sentindo absolutamente nada, não estou com nenhuma dor, o que será que eu posso tomar?".

Para manter o ser humano alegre e saudável não há contra-indicações.

O inigualável Jô Soares, 1966

149

Seguindo a Bíblia

No prédio que abrigava as Emissoras Unidas, no bairro do Aeroporto, havia um bar freqüentado por todos os membros da instituição. Quem tomava conta era o Zé do Bar, um simpático português que agradava a todos sem distinção.

O empresário Marcos Lázaro, companheiro inseparável de Paulo Machado,
DÉCADA DE 1970

Eu estava no auge de minha carreira no comando da TV Record, portanto, com olhos e ouvidos atentos aos possíveis concorrentes à minha volta. Eis que, certo dia, dentro do referido bar me é apresentado um senhor calvo, com sotaque argentino e aparentemente amável. Foi o meu primeiro contato com Marcos Lázaro, um homem de visão e inteligência incomuns que teve sob sua tutela artistas do porte de Elis Regina, Chico Buarque, Jorge Benjor, Roberto Carlos e muitos outros. O empresário tinha o hábito de trazer debaixo do braço um grosso livro de anotações, onde cada detalhe era manuscrito com capricho. Essa era a sua verdadeira Bíblia.

Marcos empresariou grandes eventos no país nas décadas de 1960 e 1970. Com seu Aero-wyllis bege, que ele próprio dirigia, carregou vários artistas de renome por todos os cantos a que pretendiam ir, daí seu carinho com todos eles. Todo artista, quando queria alguma coisa diferente, procurava Marcos Lázaro que, com toda dedicação, oferecia o suporte que algumas emissoras da época, Tupi e Excelsior, por exemplo, não supriam. Hospedagem, traslado, pagamento

1960

de cachês logo após os espetáculos e muitas outras regalias eram alguns itens que Marcos fazia questão de cumprir, daí sua fama expandir-se rapidamente no meio artístico.

Ele foi também o elo entre Elis Regina e a Record para o mundo da música. Durante uma entrega do troféu Roquette Pinto, em abril de 1965, Elis cantou a música "Arrastão", vencedora do festival da Excelsior no mesmo ano, deixando o público em êxtase. Eu estava perplexo com a performance da cantora. Ela "nadava" no centro do palco, com seus movimentos constantes de braços. A partir daquele dia, resolvi investir pesado na excelente intérprete. Com a ajuda e o incentivo do querido Manoel Carlos – o Maneco –, que já fazia parte da família Record integrando a famosa Equipe A, estufei o peito, e fui falar com Marcos. Disse a ele ainda na coxia: "Me consiga essa cantora que nunca mais você vai se arrepender". Elis, atrelada a Marcos, estava prestes a assinar contrato com a Tupi. Dessa transação, o então diretor da Rhodia, Livio Rangan, também fazia parte. Ofereci a ela uma quantia inimaginável para um artista que atuava no Brasil, e, talvez por falta de humildade de sua diretoria, a Tupi perdeu uma das melhores cantoras que este país já teve.

Fiquei sabendo, através de Marcos Lázaro que, segundo palavras de seus diretores Armando de Oliveira e Edmundo Monteiro, ninguém da TV Tupi poderia ganhar mais do que eles. Pensei com meus botões que, se fizesse o mesmo com todos os artistas e astros da Record, eu ficaria sozinho no centro do palco. Uma grande parte do *cast* da Record ganhava mais do que eu.

A partir desse fato, Marcos passou a ocupar um escritório dentro do prédio anexo ao Teatro Record e, assim, alçamos juntos o vôo dos empresários, contratando todos os maiores ídolos da época.

Minha amizade com Elis tornou-se sincera, honesta, cheguei até a ser seu confidente. Fui convidado por ela para ser um dos padrinhos de seu casamento com o já renomado compositor e letrista Ronaldo Bôscoli, de quem guardo também ótimas recordações.

Após sua ligação com praticamente todos os grandes artistas musicais deste país, Marcos Lázaro enveredou pelo esporte, empresariando grandes eventos, principalmente no futebol.

Marcos foi um dos meus melhores companheiros, portador de uma postura profissional invejável. Mesmo tomando caminhos diferentes, sempre achei que seu valor como pessoa era inestimável. Que o diga quem conviveu com ele.

1960

Elis Regina viaja para a Europa e não esquece do amigo Paulo Machado, 1968

153

O gênio que veio do frio

Nem sempre a tentativa de inovar proporciona alegrias, principalmente em seu início. Muitas vezes, levados pela empolgação e pelo entusiasmo, nós humanos podemos entrar numa gelada. Isso quase aconteceu comigo, ao vislumbrar a possibilidade de construir uma pista de patinação no gelo, para impulsionar a Record rumo ao seu devido lugar.

Jô Soares fez sucesso no programa humorístico Família Trapo *da TV Record, que durou dez anos,* 1963

Acreditando piamente no investimento e na sensação que ela poderia causar, contratei um show internacional de patinação através da agência americana William Morris. Com Zuza Homem de Melo já inteirado das novidades no mercado norte-americano, ele partiu para o Estados Unidos para concretizar as negociações. Faziam parte do elenco cômicos, bailarinos e patinadores profissionais, que davam um colorido todo especial ao espetáculo. Com o contrato fechado, era necessário, e urgente também, cumprir à risca o prazo para a finalização da obra.

A química, com suas misturas e balanceamentos, é cruel com quem não dedica boa parte do tempo para estudá-la.

De novo o sangue platino me rondava, pois fui apresentado a um argentino, que foi logo dizendo:

– No hay problema, queda tranquilo.

1960

Mal sabia eu que o cidadão era um Maradona disfarçado de Rutherford.

Fiz tudo o que o milongueiro me pediu em termos de equipamento e preparo do local para iniciarmos a obra da pista. Comprei aparelhos sofisticados, preparei o terreno, enchi os tanques de água, enfim, tudo o que era necessário. Para quem já tinha conseguido realizar espetáculos debaixo de lonas de circo na Bahia, fazer o mesmo em São Paulo tratava-se de uma grande moleza. Mas não foi o que aconteceu.

Após várias tentativas, e esgotados todos os métodos (do argentino), não se conseguia a principal condição para que o empreendimento fosse viabilizado: gelar a pista.

Meu pai, ao perceber que meus esforços estavam sendo transformados em inúteis tentativas, e principalmente porque o nome da Record estava em jogo, entrou em contato com engenheiros especializados no assunto. Os profissionais eram da empresa mais conceituada no ramo, a General Electric.

Ao visitarem o local, sem questionar muito, os especialistas foram unânimes em dizer que, com a técnica que estava sendo utilizada, seria impossível gelar a pista com os equipamentos que lá estavam.

Acompanhando a obra *pari passu*, percebi que um cidadão sempre encostado a um canto nos observava. O misterioso personagem não emitia uma só palavra. Vestido de maneira simples, com chapéu de aba larga na cabeça, após duas noites de árduos trabalhos, ele me abordou durante a madrugada:

– O moço quer gelar essa pista?

Numa mistura de impaciência e respeito, disse-lhe:

– É o que mais quero, e tem mais: tenho prazo.

Calmamente, ele respondeu:

– Então, dispense os responsáveis pelos serviços, eu tenho conhecimento nesse assunto e faço isso para você.

Depois de três dias e três noites de trabalho inútil, não pensei duas vezes. Mandei o argentino e sua turma embora. Tomado pela curiosidade, fui escutar o sujeito simplório.

Calmamente, ele disse:

– Você tem condições de sair agora?

– Tenho sim.

– Então, nóis vai atrás do que precisa.

Eu entrei na dele:

– E do que nós precisamos?

– Arcool, sar e tentar conseguir gáis freão.

Eram três horas da manhã e não medi esforços em sair com ele e conseguir o material, não gastando praticamente nada e dando-lhe totais condições para os serviços. De volta ao local, ele pediu que os reservatórios de água fossem totalmente esvaziados, como também as tubulações que abastecem a pista.

Com o auxílio de dois funcionários da Record, ele preparou as novas soluções com os componentes, todos em suas devidas proporções.

Surpreendentemente, às sete horas da manhã a pista estava pronta, completamente congelada, como eu queria. Corri até os estúdios da rádio e a primeira pessoa com a qual cruzei ficou sabendo do feito, era Hélio Ansaldo. Hélio saiu correndo e foi comunicar ao meu pai que, surpreso, não cabia em si de alegria.

Inauguramos a pista e entramos em êxtase. O nome era Rinque de Patinação Record. O sucesso de público foi extraordinário.

Numa bela tarde de domingo, estou num canto apreciando as peripécias dos patinadores. Um dos melhores profissionais que tive a felicidade de conhecer, o grande amigo Nilton Travesso, chega até mim e fala:

– Paulinho, tem um rapaz ali que, além de ser um excelente patinador, é muito engraçado, você precisa conhecê-lo.

– Tá e daí?

– Daí que precisamos contratá-lo, ele vai nos servir.

Travesso trouxe o rapaz. Ele era gordinho e tinha os cabelos encaracolados. Seus quilos a mais não denunciavam o excelente patinador que era. Patinava maravilhosamente bem e além de tudo era engraçadíssimo.

Meu irmão Alfredo de Carvalho era, na época, o diretor da TV Record em Congonhas e foi para lá que solicitei a Nilton para encaminhar o patinador. Quem iria oficializar sua contratação seria Alfredo.

O contratado começou trabalhando muito próximo do médico, escritor e autor de teatro Silveira Sampaio, que já mantinha um programa de entrevistas com estilo semelhante ao perfil do novo funcionário.

Mostrando rapidamente suas aptidões e seu talento, sempre voltados para o lado humorístico, o jovem passou a fazer esquetes no programa *Dia D*, que tinha Cidinha Campos como apresentadora. Em seguida, já escrevia ao lado de Carlos Alberto de Nóbrega para o excelente *Família Trapo*, sucesso indiscutível de público e crítica. No mesmo programa, destacou-se como o mordomo Gordon.

Foi assim que o inigualável José Eugênio Soares, o nosso querido Jô, deslizou para o sucesso.

Bofetadas no saloon e... fogo

Nem toda cartola tem coelho dentro; nem toda bengala oferece o devido apoio.

No começo dos anos 1960, a TV Record começou a se preocupar com a transição dos horários vespertino e noturno, até então delicados para fisgar o telespectador. Era preciso encontrar alternativas perspicazes para ganhar audiência.

Por sugestão de meu irmão Alfredo de Carvalho, responsável pela área de filmes, lançamos no horário das sete horas da noite vários seriados norte-americanos. Entre eles havia um que se destacava: *Bat Masterson*.

Devido ao grande sucesso dessa série, começamos a analisar a possibilidade de trazer ao Brasil o seu protagonista, Gene Barry, mesmo porque estávamos no embalo das contratações internacionais.

O seriado foi um estouro de audiência, principalmente entre as crianças. Foi exatamente por isso que o contratei, para divertir a gurizada. Marquei as sessões para um horário compatível, mandei fazer chapéus na chapelaria Cury, de Campinas, e bastões – adereços típicos do personagem – para distribuir à garotada. Cada ingresso vendido teria direito a um chapéu e um bastão.

Fui recepcioná-lo e, logo de cara, o clima já parecia um filme de bangue-bangue. Zuza Homem de Melo estava ao seu lado e disse-lhe:

Gene Barry se apresenta no Teatro Record, lotado, com predominância do público infantil, São Paulo, 30/11/1961

1960

— Quero apresentá-lo ao sr. Paulo Machado de Carvalho Filho, o empresário que possibilitou sua vinda.

Estávamos em frente ao Teatro Record Consolação, em cuja fachada havia um enorme painel anunciando os espetáculos, hábito comum para divulgar os eventos. Ao ver a imagem de Bat Masterson estampada no painel, o forasteiro disse:

— Não tenho o menor prazer em conhecê-lo. Eu não sou Bat Masterson, sou Gene Barry. Já fiz outros filmes e isso é apenas um tipo.

Estranhando a arrogância do cidadão, eu disse para Zuza:

— O Gene Barry não interessa para nós, quem interessa é Bat Masterson.

O duelo estava apenas começando. Eu não queria furar um dólar que havia pago a ele; queria furar todos. Mas, como os ingressos estavam esgotados para todas a sessões, relevei a intolerância.

Conhecendo as limitações do artista, ficou resolvido que o espetáculo seria dividido em duas partes: na primeira, os artistas da Record cantariam na frente da cortina, que ficaria fechada. Na segunda parte, a cortina seria suspensa, revelando um ambiente de saloon de faroeste norte-americano, onde Barry cantaria a música-título do seriado, acompanhado de dançarinas executando uma dança do tipo cancã.

Eu nunca me preocupei com astrologia ou mapas astrais, mas uma coisa é quase certa: os Carvalhos atraem fogo.

No último dia de show, com o teatro lotado de crianças animadas e felizes, a pirotecnia se fez presente. Como se não bastasse, o verdadeiro pastelão também entrou em cena.

Fazia parte do espetáculo uma briga dentro do salão de faroeste. Na briga, Masterson dava uma bofetada num intruso dentro do salão, e quem fazia esse papel era o excelente humorista Chocolate. Nesse dia, Chocolate não pode comparecer e foi ao contra-regra Armando Mirabelli que solicitei a participação. Só esqueci de avisá-lo da bofetada. Os detalhes fizeram a diferença.

Ao receber um tapaço na cara, Mirabelli retrucou e deu um outro bem maior na cara de Masterson que, não entendendo nada, partiu para a briga de verdade. Em segundos, o palco ficou tomado pela turma do deixa disso.

O espetáculo não poderia acabar dessa maneira, ainda tinha mais.

Sem nenhuma explicação, a bambolina do teatro começou a pegar fogo. Os cortineiros, desesperados, baixaram-na tentando conter as labaredas. Masterson, não entendendo nada, continuou o show, e o público, pensando que tudo fazia

1960

Bat Masterson desembarca vestido a caráter, 30/11/1961

parte da cena, aplaudia. Debeladas as chamas, tudo ficou por isso mesmo, para Barry e para o público.

Para tentar amenizar as coisas, comprei um par de abotoaduras para presentear Barry. Ao receber o presente, mandou-me um aviso:

– Fale para ele que eu não quero, isso é muito insignificante.

No final da temporada, eu disse a Zuza:

– Vá até a H. Stern e compre a abotoadura mais extravagante que tiver, enorme, assim tipo olho de gato.

Zuza trouxe uma coisa horrível. Barry olhou o presente e só faltou ajoelhar aos nossos pés para agradecer.

Aquele cidadão exigente e inflexível em sua chegada, ficara calminho e cortês com duas coisas em sua volta aos Estados Unidos: o sucesso de sua temporada e um par de abotoaduras.

As estrelas reverenciam as estrelas

Minha vida como empresário estava em alta, e cada vez mais minha vontade de trazer ao Brasil personalidades do mundo artístico aumentava.

Eu já tinha parceria com Oskar Ornstein que, além de morar no Rio de Janeiro, era gerente do luxuoso Hotel Copacabana Palace e também trabalhava para a tradicional família Guinle, proprietária do hotel.

Naquela época, a turnê dos astros não fugia do circuito Buenos Aires–São Paulo–Rio.

Certa vez, Oskar me telefonou:

– Paulinho, você precisa encaixar um show com o Maurice Chevalier.

Pego de surpresa, respondi:

– Como assim? Eu não posso.

– Por que não?

– Já tenho a Rita Pavone, que está prestes a começar sua temporada e...

– Dê um jeito, você precisa encaixá-lo.

Percebi sua ansiedade e tentei contornar:

– Mas Oskar, veja bem, está muito em cima da hora, eu não tenho tempo de anunciar.

– Paulinho, fique calmo, eu consigo um preço bom.

Maurice Chevalier em entrevista coletiva no Copacabana Palace, Rio de Janeiro, 6/8/1963

1960

Maurice Chevalier chega a São Paulo e canta no Teatro Record, 1963

Muitas vezes, principalmente no meio artístico, temos de roer o osso para depois saborear o filé. E Oskar tanto falou que me convenceu.

Logo que desliguei o telefone, percebi que o problema era maior do que imaginava. O Teatro Record estava passando por reformas. Estávamos colocando microfones novos, melhorando a visibilidade da platéia e, naquele momento, o palco estava descoberto, sem telhado.

Na base da correria, chamei a dupla Miéle e Bôscoli para produzir o show em 48 horas. Colocamos proteção de plástico por cima do palco, preparamos os cenários e logo comecei a apelar aos deuses para fazer tempo bom, porque, se chovesse, seria um desastre.

Chevalier veio, recebeu Miéle e Bôscoli no camarim, de robe de chambre e com champanhe francês. Fez um baita show, de sucesso enorme, e no dia seguinte foi embora sem ficar sabendo que se exibira praticamente a céu aberto.

Lá fora, a noite soberba e maravilhosa, com suas constelações brilhantes, iluminava a sorte de duas estrelas: a de Chevalier e a minha.

Vedetes em revista

Aproveitando o reaparecimento na TV de duas das mais famosas vedetes do teatro e também da televisão, Íris Bruzzi e Carmem Verônica, através da novela *Belíssima*, logo me veio a lembrança do produtor independente Abelardo Figueiredo, que também marcou época, com suas produções invejáveis em qualidade e técnica.

Carmem Verônica, vedete dos palcos do Teatro Record e uma das certinhas do Lalau, DÉCADA DE 1960

Durante a década de 1960, havia um programa tipo revista musical chamado *Show 713*, criado para ir ao ar em São Paulo pela Record, e no Rio de Janeiro, pela TV Rio canal 13. Esse foi praticamente o primeiro programa transmitido em *link* pela Record no eixo Rio–São Paulo. A curiosidade do nome era justamente a união do 7 de São Paulo com o 13 do Rio, daí o nome *Show 713*. Com rica produção de Abelardo Figueiredo juntamente com a Record, a audiência do programa era satisfatória. Além das duas vedetes citadas, também compunham o elenco do programa as inesquecíveis Márcia de Windsor e Zélia Hoffman.

Num dos ensaios, presenciei uma cena interessante. Abelardo, descontraído num canto do Teatro Record, foi surpreendido pela chegada de Dick Farney. Armado, de revólver em punho, Dick bradava nervosamente o nome do produtor. Todos os presentes não entendiam absolutamente nada o que estava acontecendo. Dick cobrava-lhe certa quantia, um cachê atrasado. Com todo mundo assustado em volta, conseguimos acalmar Dick, para, pelo menos, conversar

1960

com Abelardo. Os dois foram para uma sala. Após alguns minutos, voltaram abraçados para o palco. Abelardo havia conseguido convencer Dick a participar daquele programa. Fiquei sabendo, dias depois, que o cantor não recebeu a primeira quantia solicitada e nem a segunda prometida por Abelardo.

As incertezas em que Abelardo se metia eram constantes, sem que isso tirasse seu brilho de produtor. Cada coisa em seu devido lugar.

As performances de Íris e Carmem eram invejáveis, tanto que já haviam sido escolhidas, anos antes, entre muitas outras, como as Certinhas do Lalau, criação do inesquecível Sérgio Porto (Stanislaw Ponte Preta) para as "mulheres mais bem despidas do ano". De 1954 a 1968, Stanislaw escolheu 142 certinhas.

A partir do *Show 713*, a Record resolveu enveredar para a produção de grandes espetáculos nos mesmos moldes do teatro de revista, modalidade já em franca decadência. A televisão talvez pudesse resgatar essa imagem, pois os também produtores desse tipo de show, Carlos Machado e Walter Pinto, enfrentavam dificuldades em continuar com seus espetáculos. O primeiro, na boate Night and Day, que ficava no último andar do antigo Hotel Serrador, e o segundo, no Teatro Recreio, ambos no Rio de Janeiro.

Convidado por Oskar Ornstein para assistir, no Golden Room do Copacabana Palace do Rio de Janeiro, ao show *Skindô*, produzido por Abrahão Medina e dirigido por Aloysio de Oliveira, fiquei encantado com a magnitude do espetáculo. Logo tentei trazê-lo para São Paulo, e consegui, mesmo enfrentando dificuldades para deslocar todo o elenco do musical carioca. Aloysio, com sua experiência e bagagem – tanto por participar do famoso conjunto Bando da Lua, como por ter feito várias coisas com Carmen Miranda, exibir um inglês perfeito e dominar a escrita para shows musicais –, deixou pronto por aqui em terras paulistanas o fantástico *Tio Sam...ba*.

Nos mesmos moldes de *Skindô*, *Tio Sam...ba* obteve um sucesso excepcional. Com uma produção de gala da Record, contava com o casal de americanos Bill Hitchcock e Sônia Shaw, além de Aloysio de Oliveira e maravilhosas bailarinas, entre elas, Gina Le Feu, Iracity Segreto, Jaquelina Myrna, Ruth Rachou e a iniciante Elizabeth Faria, que posteriormente ficaria conhecida como Betty Faria. Com cenários e figurinos exuberantes, *Tio Sam...ba* foi para o Rio de Janeiro, alcançando, talvez, mais sucesso do que o próprio *Skindô*.

Tio Sam...ba arrebatou a crítica e o público, com músicas de Hitchcock, coreografia de Sônia Shaw, somadas à experiência e ao talento de Aloysio, que escrevia os textos.

Fiquei bastante empolgado e resolvi produzir um outro espetáculo com estilo parecido. Após três meses de exaustivos ensaios, enormes despesas e sem sequer ter seu nome escolhido, o show não vingou. Mas a curiosidade que marcou esse "possível pró-Tio Sam...ba" começou com uma sugestão da mesma Sônia Shaw. Ela havia trabalhado na Broadway ao lado do famoso produtor Steve Parker, na época casado com Shirley MacLaine. Após a Segunda Guerra, Parker resolveu produzir espetáculos no Japão, levando consigo a coreógrafa Shaw. A idéia era levantar o moral dos japoneses, que sofriam as conseqüências da guerra.

Tentando minimizar custos, Sônia sugeriu que fôssemos buscar os figurinos e todo o guarda-roupa dos espetáculos de Steve Parker, que ainda continuavam em Tóquio. Não pensei duas vezes. Adivinhem quem enviei ao Japão para trazer

tudo? Novamente meu amigo Paulo Charuto, que tinha bastante experiência.

Paulo foi de avião mas... voltou de navio. As caixas eram muitas e enormes. Vinte dias entre céu e mar, comendo só peixe cru, deixaram meu amigo um bocado nervoso. Apesar de todo o seu esforço, e após vários estudos de viabilização para que o musical fosse concluído e encenado, Sônia e Hitchcock chegaram à conclusão de que não haveria compensação financeira na montagem. O casal Hitchcock voltou para os Estados Unidos sem nos avisar, deixando-nos a ver navios. Além da grande soma investida, sobraram em nossas mãos a enorme quantidade de roupas, sapatos e adereços. Não tínhamos o que fazer com aquilo. Resolvemos devolver todo o material para Sônia, afinal de contas ela nos ajudou muito. Porém, antes de embarcar tudo aquilo para os Estados Unidos, Paulo Charuto teve uma brilhante idéia, aprovada por mim imediatamente: mandar um presente para Hitchcock e Sônia.

A lembrança era composta por cinqüenta ratinhos brancos, colocados e distribuídos cuidadosamente dentro das caixas.

Por motivos de falta de comunicação, não ficamos sabendo se os roedores fizeram boa viagem.

Entre louras e morenas, um sucesso do teatro de revista, 1961

A magia da música

Já em campanha presidencial, em 1960, Jânio Quadros me convidou para um almoço na casa do jornalista Tito Fleury, ex-marido da excelente atriz Cacilda Becker. Conhecedor do meu envolvimento com grandes nomes do cenário musical no Brasil e no mundo – eu estava no ápice de minha carreira de empresário –, Tito solicitou a Jânio que oficializasse o convite. Honrado, marquei minha presença. Ali começariam a surgir novos rumos para a música brasileira.

Festival de Música Popular da TV Record marcado pela vitória de "Ponteio" de Edu Lobo, 17/3/1967

Inspirado no Festival de San Remo, na Itália, Tito queria fazer por aqui uma festa parecida, para a descoberta de novos talentos, e pediu-me apoio. Fiz o que pude. No final do ano, durante os meses de novembro e dezembro, aconteceu no Grande Hotel do Guarujá a I Festa da Música Popular Brasileira. A música vencedora foi "Canção do pescador", de Newton Mendonça, interpretada por Roberto Amaral.

Com maior ou menor expressão, acendia-se ali o estopim para a grande explosão da música popular brasileira.

Passados seis anos, no dia 10 de outubro de 1966, uma segunda-feira, o Teatro Record Consolação estava totalmente lotado para a grande finalíssima do II Festival da Música Popular Brasileira.

Jair Rodrigues, Nara Leão e Chico Buarque de Holanda durante o Festival da TV Record de 1966. "Disparada" de Geraldo Vandré, com Jair Rodrigues, e a "Banda", com Nara Leão e Chico, empataram em primeiro lugar, 1966

1960

Após três eliminatórias, era chegado o grande dia. O público e a imprensa estavam divididos sobre qual seria a música vencedora.

Chico Buarque de Holanda com "A banda", interpretada por Nara Leão, e Geraldo Vandré e Théo de Barros com "Disparada", na voz de Jair Rodrigues, causaram alvoroço na cidade.

A manchete do jornal *Folha de S.Paulo* era garrafal: "Banda ou Disparada".

Executadas as doze canções finalistas, era chegada a hora de Randal Juliano e Sônia Ribeiro anunciarem a vencedora. Pelo teatro ecoavam gritos divididos dos fãs.

Eu estava ao lado do corpo de jurados, na saleta de iluminação do teatro, local escolhido para serem colocadas cadeiras especiais para os doze componentes do júri. Numa primeira contagem de votos, observei o resultado e, pelo clima que pairava no teatro, não achei muito bom. Constavam sete votos para "A banda" e cinco votos para "Disparada". Naquele momento, chegou ao meu conhecimento que lá embaixo, nas coxias, Chico Buarque dizia que se fosse o vencedor não aceitaria o resultado. Ele também achava que "Disparada" era melhor do que "A banda".

De imediato, resolvi colocar em prática o que já havia passado pela minha cabeça: propor ao júri um empate. Seria a solução mais coerente, pois com público, imprensa, jurados e até os próprios compositores na mesma situação, a igualdade faria justiça. Ninguém ganharia com outro resultado que não fosse o empate.

Rapidamente, foi redigida uma ata, assinada por todos os jurados, constando o resultado oficial que, após a divulgação dos apresentadores ao público, foi entregue ao responsável técnico do festival, de minha inteira confiança. Fiquei sabendo pelo próprio, anos depois, que o documento estava em poder de José Eduardo Homem de Melo, o Zuza.

Após os apresentadores anunciarem os vitoriosos, quem saiu vencedora foi a música popular brasileira.

No ano seguinte, realizamos o III Festival de Música Popular Brasileira que também teve um estrondoso sucesso, deixando marcada na história da música brasileira a genialidade de compositores e intérpretes. As músicas "Ponteio" de Edu Lobo e Capinam, com o próprio Edu e Marília Medalha, a vencedora; "Domingo no parque" de Gilberto Gil, acompanhado pelos Mutantes, a segunda colocada; "Roda viva" de Chico Buarque, tendo ao seu lado o fantástico vocal do MPB-4, a terceira, e "Alegria, alegria" de Caetano Veloso, com ele e os Beat Boys, a quarta, ficaram gravadas na memória de todos nós. Como de costume,

1960

os apresentadores Blota Júnior e Sônia Ribeiro deram um show de apresentação e comunicação.

Eram cinco horas da tarde daquele sábado 21 de outubro de 1967, dia da grande final. Fui avisado por um dos produtores do cantor Gilberto Gil que ele não iria comparecer ao teatro para cantar sua música. Pensei com meus botões: "Será que o episódio do Louis Armstrong irá se repetir?".

Peguei meu carro e fui até o Hotel Danúbio, onde estava hospedado o cantor e sua esposa Nana Caymmi. Chegando lá, dirigi-me ao apartamento de Gil, bati à porta e fui recepcionado por Nana. Gil estava deitado na cama, com mal-estar e sem a mínima condição de levantar-se. Imediatamente, ajudei Nana a levá-lo até o chuveiro e deixá-lo embaixo da água por bons trinta minutos. Ajudei o cantor a calçar as meias e vestir-se. Logo em seguida, ele me garantiu que estaria no teatro para cantar sua música.

Momentos antes de iniciar o espetáculo, a tarefa do momento era convencer Caetano Veloso a colocar um blazer por cima de sua camisa de gola rolê, pois os outros participantes estavam trajados conforme o padrão exigido pela direção do festival, ou seja, no mínimo paletó, para os homens.

Blota Júnior e Sônia Ribeiro: nunca houve uma dupla de apresentadores como esta,
DÉCADA DE 1960

1960

Mas o momento marcante daquela noite ficaria reservado para o músico Sérgio Ricardo. Sua canção "Beto bom de bola" já havia sido muito vaiada na terceira eliminatória. Com declarações polêmicas, Sérgio provocara certa antipatia da platéia. Sob intensas vaias, o compositor subiu ao palco. Ao perceber que o público sequer queria escutá-lo, começou a bater boca com a platéia. Mesmo assim, começou a tocar. Como o teatro ecoava um barulho ensurdecedor, parou a música, estilhaçou seu violão num banquinho e arremessou-o sobre a platéia. Os poucos pedaços do instrumento passaram rente à cabeça de minha prima Estelinha Comenale, que se encontrava na terceira fileira, e caíram no colo do sr. Renato Fileppo.

Mesmo dividido, o júri eliminou a música, respeitando as regras de disciplina e organização do festival, ao mesmo tempo em que Blota Júnior, com a categoria de sempre, anunciava o fato ao público.

O sucesso desse festival foi inegável e ficou marcado para sempre, apesar de muitos não saberem das dificuldades enfrentadas para convencer a censura, que era implacável. Não foram poucas as vezes que minha presença foi solicitada na sede da Polícia Federal, na rua Piauí, bairro de Higienópolis. A responsável por essa área, com sua postura conservadora e ditatorial, fazia questão de analisar detalhadamente todas as letras das músicas participantes do festival. De acordo com suas determinações, eu solicitava aos compositores para fazerem as devidas modificações nas letras.

Roberto Carlos e O Grupo cantando "Maria, carnaval e cinzas" no III Festival da Record, no Teatro Record Centro, 22/10/1967

Edu Lobo e Marília Medalha cantam "Ponteio", vencedora do Festival de 1967

Habilmente, resolvi a situação conseguindo um emprego para o sobrinho da censora na Record. Após essa atitude, ela nunca mais colocou empecilho em nenhuma música. Seus olhos e ouvidos ficaram menos exigentes.

A despeito das dificuldades enfrentadas nos festivais anteriores, resolvi acatar sugestão de meu amigo Flávio Porto e realizar a I Bienal do Samba, nos meses de maio e junho de 1968. Não me arrependi. Com o corpo de jurados formado por integrantes de primeiríssima linha, entre eles Sérgio Porto, Lúcio Rangel, Ferreira Gullar e outros, o Teatro Record Centro recebeu as bênçãos de ter em seu palco Elis Regina, interpretando "Lapinha", de Baden Powell e Paulo César Pinheiro, a música vencedora.

Dos festivais de 1968 e 1969 vale registrar que, a pedido dos compositores, foi incluído também um júri popular. Com a alegação de que os intérpretes das músicas eram bem mais reconhecidos e valorizados do que os próprios compositores, aceitamos a solicitação e incluímos a votação popular. Os objetivos não foram alcançados. Porém, trago comigo lembranças maravilhosas de todos os festivais. Se pudesse, faria tudo novamente.

Aparece uma nova onda

No final do mês de julho de 1965, a TV Record ficou proibida de transmitir as partidas de futebol ao vivo nas tardes de domingo. Isso causou sérios problemas para a emissora, pois, além de contar com uma audiência maciça no horário, a emissora competia diretamente com a recém-inaugurada Rede Globo, que já exibia em sua programação o Programa Silvio Santos. Era preciso agir rapidamente.

Na reunião semanal, que os produtores da Record faziam habitualmente, decidiu-se estudar a possibilidade de fazer um programa juvenil que teria como meta imediata bater a concorrente.

Os possíveis nomes de quem poderia comandar esse programa foram surgindo. Inicialmente, veio o da cantora Celly Campelo, em boa fase de sua carreira, mas, alegando ser recém-casada e ter problemas particulares, não aceitou a incumbência. Em seguida, lembrou-se de Erasmo Carlos que, com a música "Festa de arromba", fazia enorme sucesso. O cantor recebeu o convite com muito entusiasmo. Erasmo foi até a sede da emissora, porém, lembrou e sugeriu um seu amigo próximo que tinha mais desenvoltura e desembaraço: Roberto Carlos.

Na época, a Record apresentava um programa de muito sucesso. Com produção de Hélio Ansaldo e apresentação de Randal Juliano, *Astros do disco* já

O rei Roberto Carlos criou uma nova febre na juventude: a Jovem Guarda, DÉCADA DE 1960

1960

contava com participações esporádicas de Roberto, e nem passava pela minha cabeça tê-lo em definitivo. Sua empresária até que tentou empurrá-lo até nós, mas relevamos a idéia. Aceitando com mais ouvidos a idéia de Erasmo, resolvemos chamar Roberto para um primeiro encontro e discutir as possibilidades de concretização.

Levado à sala de videoteipe, porque os estúdios estavam ocupados pela programação matinal, lá foi colocado um banquinho e realizado um primeiro teste somente com uma câmera. Nada de cantar, somente expressões, traços e fisionomia. O resultado foi impressionantemente positivo; todos os que presenciaram o teste ficaram encantados com a postura de Roberto. Os produtores Hélio

Wanderléa, Roberto e Erasmo no último programa Jovem Guarda, 1969

1960

Ronnie Von, o Pequeno Príncipe, um dos ídolos da juventude nos anos 1960, que também teve seu programa exclusivo na TV Record

Ansaldo e Nilton Travesso reforçaram a minha tese de aprovar imediatamente o cantor. Liguei para Carlito Maia, sócio da agência de publicidade Magaldi&Maia. Maia e eu tínhamos ótimo relacionamento, pois seu pai, Benedito Carlos de Souza, o Pitico, havia sido o primeiro técnico de som em transmissões esportivas da Rádio Record. Carlito já tinha interesse em patrocinar um programa juvenil e, ao ver o vídeo de Roberto Carlos, ficou encantado, fechando ali, na hora, o contrato de patrocínio. Sem influência de ninguém, tendo seu único e exclusivo valor, Roberto aproveitou a oportunidade que a Record lhe proporcionara e tornou-se o Rei da música brasileira.

Erasmo sugeriu Roberto, Roberto indicou Wanderléa, o trio convidou amigos e, com a produção de Hélio Ansaldo, no dia 22 de agosto de 1965, às quatro e meia da tarde, estreava pela TV Record, canal 7 de São Paulo, o primeiro programa intitulado *Jovem Guarda*.

Chamas ardentes

A TV Record foi inaugurada com uma grande festa em 27 de setembro de 1953. Antes de completar sete anos de existência, passou por momentos dramáticos. Em 6 de maio de 1960, irrompeu o primeiro incêndio em suas instalações, atingindo os cenários localizados no bairro de Congonhas. O fogo começou por volta de quatro e meia da manhã e, graças à pronta ação do Corpo de Bombeiros, foi rapidamente debelado.

Incêndio no Teatro Record: uma rotina, 1969

Seis anos se passaram. No dia 29 de julho de 1966, em pleno inverno paulistano, eu estava em minha residência na rua Bélgica, Jardim Europa. Por volta de sete da manhã, já me preparando para mais um dia de trabalho, fui avisado, pelo telefone, que acontecia um outro incêndio na TV Record de Congonhas.

Saí rapidamente de casa, peguei a avenida República do Líbano e em seguida a avenida Washington Luís. Dali, eram plenamente visíveis os enormes rolos de fumaça que cobriam as instalações da emissora e lambiam o céu.

Chegando ao local, a primeira pessoa que encontrei foi meu pai, que, desolado, acompanhava os trabalhos de rescaldo do Corpo de Bombeiros. Não foi difícil avaliar a extensão do sinistro, pois o edifício que abrigava o Salão Colonial estava inteiramente destruído. O Colonial foi erguido por um grupo de empresários, entre eles, Sebastião Paes de Almeida, ex-ministro da fazenda do governo JK, e o sr. Deocleciano Dantas de Freitas. O pomposo lugar era todo decorado em estilo colonial mexicano, com portas lavradas em madeira. A idéia inicial era fazer daquele salão um luxuoso restaurante. Um acordo firmado entre o dr. Paulo Machado de Carvalho e o grupo de empresários selou a sorte da TV Record. Com muitos salões, vestiários e espaços adequados, o lugar abrigou toda a estrutura da emissora, um trabalho minucioso que meu pai delegou a Antonio Hermann Dias Menezes, que foi ao México estudar junto à Televisa a implantação do projeto.

Por ser basicamente revestido de madeira, um material de fácil combustão, o fogo consumiu tudo em poucas horas. O arquivo da TV e praticamente todo o material gravado em videoteipe desapareceram. Uma grande perda para a memória televisiva do país. Até uma fita com a maioria dos gols da carreira de Pelé foi transformada em cinzas.

Impossibilitada de funcionar, a emissora se viu obrigada a mudar as transmissões para o Teatro Record, na rua da Consolação. O teatro já transmitia alguns programas esporadicamente. Sob o comando de meu irmão Antonio Augusto Amaral de Carvalho, o Tuta, foi possível restabelecer a programação. A emissora havia ficado fora do ar por poucas horas. Tuta foi de fundamental importância nesse processo.

Numa atitude de extrema solidariedade dos funcionários e, principalmente, da apresentadora Hebe Camargo – uma das primeiras a chegar – e do sr. Jorge João Saad, presidente da Rede Bandeirantes – que nos cedeu um aparelho de videoteipe, marca Ampex –, a Record continuou a exibir sua programação, inclusive com a presença de público, atingindo uma audiência extraordinária. Em Congonhas ficou somente parte da programação infantil, um pouco do conteúdo vespertino e uma mínima programação noturna.

Debelado o fogo, por volta das dez horas da manhã, os trabalhos para que a emissora voltasse ao ar o mais rápido possível foram incessantes. Às dez e quarenta da manhã a Record retomou as transmissões, através do caminhão de externa, um dos poucos patrimônios salvos da catástrofe. Equipado com três câmeras, o caminhão ficou um bom tempo estacionado na porta do Teatro Consolação.

Graças ao empenho e a dedicação de amigos e funcionários, entre eles, Raul Duarte, Nilton Travesso, Salvador Trédice e muitos outros, a TV Record encontrou um novo caminho rumo ao futuro sucesso de seus programas. A partir dessa tragédia, iniciou-se a fase áurea da Record. Programas como *Esta noite se improvisa, Guerra é guerra, Hebe, Família Trapo, Corte Rayol Show,*

AAA de Carvalho, diretor de TV, da mesa de operações da TV Record em Congonhas, DÉCADA DE 1950

O fino da bossa e muitos outros conquistaram um público cativo. O calor das chamas inflamou de forma positiva todo o corpo de componentes da emissora.

Confirmando a famosa frase: "há males que vêm para o bem", a ida da Record para o Teatro Consolação foi o início de sua grande arrancada como emissora líder de audiência, no final da década de 1960. Jamais se conseguiu obter dos órgãos responsáveis informações sobre a causa, ou as causas reais do incêndio.

Quase três anos se passaram. Com uma programação já bem solidificada em todas as áreas, a Record mantinha altos índices de audiência. Já havia realizado quatro festivais de música popular brasileira, lançando grandes nomes para o cenário musical do país e para o mundo.

O Teatro Record Consolação foi palco de grandes eventos. Entre eles, o memorável Prêmio Roquette Pinto que, durante anos, destacou os grandes nomes do rádio e da televisão brasileira. O troféu Chico Viola, premiando as músicas mais executadas do ano, também alcançou inegável sucesso.

Mesmo com a pretensa idéia de roubar a liderança de audiência da Record, a novata Rede Globo de Televisão, com somente quatro anos de existência, ainda levaria alguns anos para conseguir seu intento.

1960

Aniversário da TV Record. Da esquerda para a direita: José Nunes, Adolfo, Eduardo Moreira; Waldomiro Barone, Hélio Ansaldo, Alfredo, Bilu Mugnaini Filho, Walter; Valery Martins, Nilton Travesso, Durval de Souza, Severino Verardo e Sílvio Silveira, 27/9/1957

Mais um programa líder de audiência e fenômeno da época havia terminado naquele domingo, 28 de março de 1969. Roberto Carlos e sua turma ainda estavam no Teatro Record Consolação. O *Jovem Guarda* daquele dia foi pura adrenalina.

Por volta das onze horas da noite, já em minha casa, recebi um telefonema de um funcionário do teatro. Angustiado, dizia do outro lado da linha:

– Paulinho, corra para cá, o teatro está pegando fogo.

Desesperado, saí correndo de casa. Ao chegar no teatro, vi a cena constrangedora. Eu acalentava esperanças de que o fogo só tivesse atingido a parte da platéia. As reformas para a ampliação do palco, com seu novo urdimento, estavam garantidas pelos engenheiros responsáveis. Eles me asseguraram que, com os produtos especiais utilizados, aquela área jamais seria consumida pelas chamas. Ao me aproximar, veio a decepção: o teatro já estava ardendo totalmente, restando apenas as paredes laterais. Aquela foi uma das madrugadas mais tristes de minha vida.

Já amanhecia, e a constatação foi inevitável: todas as instalações, com equipamentos eletrônicos dos mais modernos, haviam sido consumidas pelo fogo cruel.

Os recursos que implantamos, tais como palco móvel – com uma piscina embaixo –, microfones que subiam e desciam automaticamente, gavetas que avançavam sobre a platéia, elevadores de palco, enfim, tudo aquilo que tivemos o carinho de colocar no local desaparecera.

Por sua magnitude e glamour, principalmente pela aura que carregava, o Teatro Record Consolação era conhecido como o Olympia da América do Sul. Essa comparação chegou a ser publicada no famoso jornal nova-iorquino *Variety*.

Mas o inferno parecia não ter fim, era preciso buscar forças para continuar lutando e mantendo o nome da emissora em seu devido lugar.

No dia 13 de julho de 1969, por volta das seis horas da tarde, eu estava voltando para casa quando recebi novamente uma notícia triste: o Teatro Record Centro estava em chamas. A apresentadora Cidinha Campos acabara de desejar "boa tarde" ao telespectador, e tudo que se viu foi um teatro consumido pelo fogo.

Praticamente junto comigo, chegaram ao local Jô Soares, Juca Chaves, Nilton Travesso e muitos outros que não mediram esforços, na correria que se estabelecera, para ajudar a salvar equipamentos e materiais, retirando-os do alcance das chamas.

Como se não bastasse, por volta de nove da noite, a TV-5 (Globo) também arderia em altas labaredas. No dia seguinte, os estúdios da TV Bandeirantes seriam misteriosamente queimados. Num prazo de 48 horas, três das maiores emissoras de televisão do país seriam alvos de incêndios. A pergunta ainda se faz presente: "Como, por que e por quem?". Até hoje não sabemos a resposta.

Que dia... que noite! Somente a fachada do teatro ficou intacta. O seu interior virou um amontoado de escombros. Um patrimônio da cidade de São Paulo, inaugurado nos anos 1920, acabava de desabar.

A TV Record realizava programas simultâneos entre seus estúdios em Congonhas, no teatro da Consolação e no do Centro. Era um verdadeiro show em todos os sentidos, de técnica e organização artística, que deixava o telespectador encantado com toda a programação.

A fagulha trágica ainda permanecia. No edifício Grande Avenida, localizado na avenida Paulista, próximo ao Masp, onde até hoje está instalada a torre da Record, o fogo também fez sua visita. Construído especialmente para abrigar a torre de transmissão da TV Record, o edifício foi dimensionado para suportar um peso bem superior ao dos prédios comuns. O 13º e 14º andar, além do terraço, que suportava a torre, pertenciam ao Grupo Record.

1960

Eu estava na Record da avenida Miruna. Por volta das nove horas da manhã, olhei pela janela de meu escritório e vi grandes rolos de fumaça na direção da avenida Paulista. Já com traumas preexistentes, corri para o local. Não deu outra: o incêndio acontecia no prédio da torre da Record. Os bombeiros lutavam contra o fogo até que chegou a informação de que a torre corria o risco de desabar. Mas, como por milagre, as chamas pararam exatamente no 13º andar.

Já estavam no local o delegado Romeu Tuma, muitas autoridades e o brilhante engenheiro José Carlos de Figueiredo Ferraz. Técnicos da prefeitura e especialistas da perícia também se faziam presentes. Em meio a questionamentos e discussões de como se proceder para salvar o prédio, chegou-se a cogitar a derrubada da torre. Felizmente, os transmissores não foram abalados, segundo os bombeiros.

Após a constatação de fissuras localizadas nas bases da torre, foram aplicadas camadas de gesso. Seria ainda necessário aguardar 24 horas para avaliar o resultado. No dia seguinte, Figueiredo Ferraz convocou uma reunião na prefeitura com os construtores e os donos do edifício, Wilson e Nelson Mendes Caldeira. De lá seriam tomadas as próximas decisões. Precisávamos esperar algumas horas e... rezar. Ferraz sugeriu que as colunas fossem engessadas com concreto e ferro, sendo que essa solução foi recebida com grande satisfação por todos e foi executada. Durante vinte dias, a obra foi realizada com sucesso, uma verdadeira aula de estrutura. O edifício não poderia sofrer nenhum tipo de movimento, e fatores externos, como o vento, não poderiam interferir. Para isso, todas as janelas e seus vidros foram quebrados. O prédio ficou praticamente erguido em seu esqueleto.

Concluída a obra, superamos mais uma batalha.

Ao completar oitenta anos de idade, uma festa em minha homenagem foi organizada por minha filha Maria Luiza e meu genro Tito Enrique na Fazenda Três Pedras, de sua propriedade, em Campinas. Estavam previstas umas poucas palavras minhas. Como o local era amplo, foram instaladas caixas de som e amplificadores. Meu neto Tito passou-me o microfone e iniciei meu discurso. Cinco minutos depois, ao me referir aos incêndios, uma das caixas de som praticamente explodiu, soltando grande volume de fumaça, impedindo-me de continuar a fala, para alegria de uns e tristeza de outros. Acho que eu faria um belo personagem no filme *Perseguido pelo fogo*.

A verdade é que, com todos esses contratempos, os Machado de Carvalho jamais esmoreceram; pelo contrário, tornaram-se gigantes na batalha da comunicação.

1960

CONTA-GOTAS:
Dose dupla

Durante o tempo em que trabalhou na Record, rotineiramente Zuza Homem de Melo viajava aos Estados Unidos para procurar artistas que pudessem se apresentar no Brasil. De volta de uma dessas viagens, ele me mostrou um enorme catálogo com grandes nomes pertencentes à famosa agência William Morris.

Para diversificar um pouco, perguntei-lhe sobre a possibilidade de trazer as famosas bailarinas e cantoras alemãs, as Irmãs Kesselring. Zuza argumentou que, naquele momento, elas estavam indisponíveis, mas havia outras duas irmãs, também bailarinas, que poderiam substituí-las. Falei para Zuza: "Elas são bonitas?". "Não!", respondeu o abnegado amigo.

– Mas, pelo menos, sabem cantar?
– Não!
Continuei a questionar:
– Elas dançam bem?
– Também não!, retrucou ele.
– Bom, então elas devem ter um corpo escultural, não é?
– Também não, Paulinho!
Diante de tantas negativas, fui enfático:
– Pô, Zuza, então o que essas moças têm de interessante?
E ele, na maior calma, respondeu:
– Elas são gêmeas!

Após minutos de gargalhadas de nós dois, chegamos à conclusão de que o melhor a ser feito era esperar as irmãs Kesselring terem uma brecha em sua agenda. Meses depois, conseguimos trazer as verdadeiras bailarinas, só que em videoteipe, e o sucesso foi total.

Zuza Homem de Melo e Elis Regina, DÉCADA DE 1960

Zuza

191

Quatro ases e um coringa

No jogo de minha vida, as cartadas foram infinitas e eu não poderia deixar de falar das cartas mais importantes e valiosas desse riquíssimo baralho. Começando pelo coringa, a de maior valor, com sobras é representada por meu pai, figura completa e ímpar em toda a minha existência. Deixou-me como herança a honestidade; a paixão pelo trabalho e pela família; a coragem; a probidade em tudo e para com todos. Humilde e modesto, apesar de sua vida atribulada pelo trabalho, sempre fazia as refeições com todos da família presentes. Católico apostólico romano e fervoroso devoto de Nossa Senhora Aparecida, transmitia paz e serenidade, atributos que carrego até hoje. Orientou-me a trabalhar bem cedo na vida, assim como a respeitar os colegas profissionais e jamais usar a prepotência como artifício de sobrevivência.

Paulo Machado de Carvalho, fundador da rádio e da TV Record, DÉCADA DE 1940

Aprendi com ele que sempre deveria deixar a porta de minha sala aberta para ouvir e dialogar com os funcionários, qualquer que fosse o assunto. Ao mesmo tempo, em negociação com um artista, deveria trancar a porta e não deixá-lo ir embora sem assinar o contrato, mesmo que isso custasse mais caro. Caso o assunto ficasse para outra ocasião, poderia perdê-lo.

Os quatro ases que sempre me ajudaram a vencer difíceis batalhas foram: Almirante (Henrique Foréis Domingues), Raul Duarte, Casimiro Pinto Neto

1960

– Bauru – e Blota Júnior. Na formação de minha personalidade e no constante aprendizado do cotidiano essas quatro figuras resumem todos os meus traços.

Almirante teve duas passagens pela Record sendo que, na primeira, eu era muito jovem. Nessa fase, ele ainda era cantor e se apresentava nos festivais da Rádio Record, nos teatros Santana, na rua 24 de maio, e República, na praça da República. Participavam com ele a nata da música brasileira da época, como Carmen e Aurora Miranda, Francisco Alves, Mário Reis, Irmãos Tapajós, Silvio Caldas e muitos outros. Eu era simplesmente um empregado da Record e a proximidade com ele e com aqueles monstros sagrados da música me encantava. Um desses espetáculos jamais saiu de minha lembrança. Aconteceu no Teatro República, onde pela primeira vez o sensacional sambista paulistano Mário Ramos de Oliveira, o Vassourinha, juntamente com Carmen Miranda cantou "O que é que a baiana tem?", de Dorival Caymmi.

Anos depois, ao ter mais contato com Almirante, eu já ocupava o cargo de diretor da Rádio Record e contratei-o para produzir programas. No Rio de Janeiro, ele produzia para a Rádio Tupi vários programas, entre eles *Incrível, fantástico, extraordinário!*, que marcou época no rádio brasileiro. Foi nessa época que ficou conhecido como "a maior patente do rádio", um título justíssimo, à altura de sua representatividade para a comunicação brasileira, criado pelo grande César Ladeira, ex-locutor da Rádio Record, naquele tempo atuando na Rádio Mayrink Veiga, do Rio de Janeiro.

Além das maravilhosas histórias que ele me contava, ensinou-me que a palavra empenhada deve ser mantida e honrada, que se deve respeitar os artistas, principalmente os idosos, dando-lhes todas as chances possíveis, e que horários devem ser levados a sério. Almirante conviveu anos com o amadorismo do rádio e, com sua postura íntegra, tornou-o altamente profissional. Com ele aprendi a ter a verdadeira consciência do profissionalismo que o meio artístico tanto necessitava.

Raul Duarte nasceu praticamente dentro da Rádio Record. Segundo meu pai, ele era seu braço direito. Quando de minha passagem da Panamericana para a Record, Raul era seu diretor artístico, e foi nessa época que passei a admirá-lo, aprendendo muito com ele.

Com inteligência e perspicácia fora do comum, Raul possuía uma redação impecável. Por isso, sempre produzia e escrevia os principais comentários assinados pela emissora. Ele era o porta-voz da rádio. Também foi excelente locutor, de voz clara e precisa. Produzia e apresentava vários programas. Um deles me marcou muito: *Ovo de Colombo*, baseado em perguntas e respostas, transmitido pela Record diretamente do Hotel Esplanada, que também possuía um belo auditório com capacidade para duzentas pessoas. De lá também a Rádio transmitiu muitos outros programas.

Em forma de soneto, Raul escreveu por um bom tempo a coluna "Um gole por dia" no jornal *Folha de S.Paulo*, comentando os assuntos cotidianos de forma poética. A coluna ocupou o mesmo espaço no jornal por muitos anos, com excelente aceitação. Também foi redator do programa *Charuto e fumaça*, com a participação do inesquecível Adoniran Barbosa. A discoteca da Rádio Record possuía mais de 20 mil discos; Raul conhecia um a um.

Raul Duarte passou-me várias lições, as quais coloquei em prática ao longo de minha carreira. Desde a *finesse* ao vestir-se, pois sua apresentação visual era impecável, com uma echarpe e sua inseparável maleta contendo uma garrafinha de uísque, até o tratamento correto com artistas para assinatura de contratos.

Foi uma das primeiras pessoas a me dizer que jogava golfe. Gostava de vestir-se sempre no estilo príncipe de Gales, por isso arrisco dizer que Raul era o Marcelino de Carvalho do rádio.

Grande líder estudantil e boêmio de primeira categoria, Casimiro Pinto Neto, o Bauru, também faz parte de minha cartilha de aprendizados. Ficou para a história como o criador do famoso sanduíche, daí seu apelido, passagem que todos já conhecem.

Bauru me ensinou uma coisa fundamental para a sobrevivência: vender.

Naqueles tempos, ainda não existiam pesquisas, institutos de pesquisa, agências de publicidade e tudo o mais que ajuda nas vendas. Bauru chegou a São Paulo com a experiência de vendedor do jornal *Diário de S. Paulo* em sua cidade natal, Bauru, e região. Rapidamente, chegou a ser o primeiro corretor de anunciantes da Rádio Record, fato inédito para a época. Ele era o responsável pela corretagem de grandes marcas, como a Cervejaria Caracu, os irmãos Chiquinho e Nicolau Scarpa, as Casas Eduardo, os irmãos Di Petro e a Companhia Antarctica Paulista, na qual logo tornou-se amigo de seu presidente. Com extraordinária simpatia e bom humor, tinha cotidianamente na ponta da língua a piada do dia para contar.

Ele me ensinou a lealdade, a fidelidade e a habilidade nas negociações, atributos de enorme valia quando me tornei empresário. Isso contribuiu para que eu conquistasse meu espaço no meio empresarial, principalmente com artistas internacionais.

Vender e comprar, usar o intelecto engenhoso nas relações comerciais aprovei-

1960

Da esquerda para a direita: Bauru, Blota Júnior, Paulo Machado, Raul Duarte e Almirante

tando o poder de persuasão, ser autêntico e transparente, tudo isso Bauru me ajudou a colocar em prática.

Anos se passaram, e o destino mostrou suas coincidências. No ano de 1983, passei por uma cirurgia delicada, ficando internado no hospital Sírio-Libanês. Bauru passava por problemas de saúde e fora internado no mesmo Sírio-Libanês. No dia 2 de dezembro, ele faleceu no quarto em frente ao meu.

Foi-se o amigo, ficou uma maravilhosa lembrança de ser humano.

Outro extraordinário e incrível amigo, tanto pessoal como profissional, foi Blota Júnior. Com sua magnífica oratória e deslumbrante capacidade de improvisação, ele me ajudou a sair de várias enrascadas profissionais, contornando situações que só um mágico poderia conseguir.

Afável e educado, principalmente com as mulheres, Blota era um líder nato. Adorava futebol, inclusive como praticante. No time formado pelos funcionários da emissora lá estava ele, sempre.

Viajamos juntos com nossas famílias várias vezes, e sua companhia era sempre agradável. Foi excelente redator e produtor de programas, deixando sua marca brilhante em tudo. Com sua esposa Sônia Ribeiro formou a única dupla de apresentadores de categoria da televisão brasileira; ninguém jamais os superará.

Captei de Blota Júnior o ecletismo, a amabilidade e a singeleza de um honrável ser humano com quem convivi.

Fecho meu baralho feliz e orgulhoso, apreciando o sabor de vitória e satisfação das cartadas de minha vida.

196

Agradecimentos

Quando se termina uma obra, as melhores sensações tomam conta de nós. Confesso que euforia, alegria e dever cumprido são apenas algumas delas. Quero compartilhar estes sentimentos com pessoas que colaboraram, em muito, para que eu concretizasse este trabalho. A elas meus sinceros agradecimentos.

AAA de Carvalho
Carmem Verônica
Eduardo Simone Pereira
Elisabete Freitas
Erasmo Alfredo A. de Carvalho Filho
Estelinha Comenale
Gina Le Feu
Hebe Camargo
Idalina de Oliveira
Inezita Barroso
J. Hávilla
José Blota Neto
Lira Neto
Luiz Eduardo Borgerth
Maria Esmene Comenale
Mônica Figueiredo
Nirvania e José Lázaro
Regina Fazenda
Regina Maria Salles Carvalho
Ronnie Von
Ruy Viotti
Salvador Tredice
Silvio Luiz
Sônia Ângela Blota Belotti
Wady Dini
Zuza Homem de Melo

Apoio:

Fotografias

Acervo AAA de Carvalho
p. 8-9, 187.

Acervo Erasmo Alfredo A. de Carvalho Filho
p. 188.

Acervo Hebe Camargo
p. 14, 52.

Acervo Idalina de Oliveira
p. 6.

Acervo Inesita Barroso
p. 140-1.

Acervo Isaurinha Garcia
p. 39, 71.

Acervo Paulo Machado de Carvalho Filho
p. 10, 16, 20-34, 38, 40-5, 54-8, 66-8, 76-88, 92-6, 100, 107-12, 114-21, 127-8, 136-8, 153, 166, 183, 192-6.

Acervo Silvio Luiz
p. 72.

Acervo Sônia Ângela Blota Belotti
p. 177.

Acervo Zuza Homem de Melo
p. 191.

Agência Estado
p. 90, 150, 179, 182, 184.

Agência O Globo
p. 75, 101, 113, 124, 131-2, 135, 162-4.

Folhapress
p. 46-50, 98, 102-5, 134 (Acervo *Última Hora*), 142 (foto José Nascimento), 144 (Acervo *Última Hora*/foto Kanai), 146-9, 154 (Acervo *Última Hora*), 158-61 (Acervo *Última Hora*), 165 (Acervo *Última Hora*), 172-5, 178 (Acervo *Última Hora*/foto Claudemiro), 180.

Cedoc/Funarte
p. 36, 64 (Studio Raul), 169-71.

Este livro foi produzido, em 2006, pela Companhia Editora Nacional.
As tipologias empregadas foram Futura Book 10/15 e Rapier 36/28.
O papel utilizado couché fosco 115 g. Impresso em São Paulo pela IBEP Gráfica.